इस देश में
नेताओं का सबसे अधिक उत्पादन है
तुम एक ईंट उठाओगे
उसके नीचे दस नेता पाओगे
सभी के हाथ
नमस्कार की मुद्रा में जुड़े होंगे
सभी के मुंह
भाषण देने की मुद्रा में खुले होंगे
नेता बनने के बाद
जनता के बारे में सोचना भी पाप है
क्योंकि उसके बाद तो कुर्सी ही बीवी
कुर्सी ही माँ और कुर्सी ही बाप है।

- इसी संग्रह से

फ़िलहाल इतना ही

अरुण जैमिनी

डायमंड बुक्स

ISBN : 81-288-0848-6

प्रकाशक	**: डायमंड पॉकेट बुक्स (प्रा.) लि.**
	X-30, ओखला इंडस्ट्रियल एरिया, फेज-II
	नई दिल्ली-110020
फोन	: 011-41611861
फैक्स	: 011-41611866
ई-मेल	: sales@diamondpublication.com
वेबसाइट	: www.diamondpublication.com
संस्करण	: 2006
मूल्य	: 75/- रुपए
मुद्रक	: आदर्श प्रिंटर्स, शाहदरा, दिल्ली - 32

Filhaal Itna Hee **Rs. 75/-**
by Arun Gemini

जिनकी मैं कृति हूँ

उन

माँ-पिता जी के चरणों में

मेरी यह कृति

समर्पित

हास्य की धवल मेघमाला में व्यंग्य की सौदामिनी

हास्य-व्यंग्य में कविता लिखना 'तलवार की धार पै धावनो' या नट का रस्सी पर चलने के समान है। तनिक चूके कि हुए अंग-भंग, गिरे गड्ढे में – अश्लीलता के, भदेस के, फूहड़पन के। हास्य हो जाता है हास्यास्पद और व्यंग्य बदरंग। अरुण जैमिनी ने इस दुस्साध्य कवि-कर्म का अत्यन्त सतर्क और संतुलित रहकर निर्वाह किया है। वह कहीं अटका-भटका नहीं है। बहुत कम कवि इस विधा के दुर्लंघ्य पथ को निर्बाध पार कर पाते हैं।

अस्सी के दशक से चलकर अब तक इस विधा के जो कवि प्रकाश में आए हैं, उनमें अरुण जैमिनी का नाम श्रेष्ठता-क्रम में कनिष्ठिका पर आता है। उसकी दैहिक युवावस्था में उसकी यशोपार्जित कविता कला-परिमार्जित स्थिति को प्राप्त कर वैचारिक स्तर पर प्रौढ़ावस्था में पहुंच गई है। आयु में वह अपनी कविता से पीछे छूट गया है। यही उसकी रचनाधर्मिता की साध्य सफलता है।

अरुण की कविताओं का रंग-रूप प्रातः प्रफुल्लित गुलाब के फूल जैसा है जिसकी कोमल पंखुड़ियों में सुगन्धित सुहास है और व्यंग्य के काँटे भी हैं साथ में, पर काँटों के अग्रभाग पर अश्रु-सी ओस बूँद झलकती है, जो चुभन में भी छुवन की लालसा से लसित है। आषाढ़ की धवल मेघमाला जैसे हास्य में व्यंग्य की सौदामिनी की चमक-दमक है। शरद पूर्णिमा की चाँदनी-सा स्वच्छ-निर्मल हास्य भी है और शरद ऋतु में अरुणोदय की धूप-सा व्यंग्य भी।

सरल-सहज शब्दों में भावों की अभिव्यक्ति कर गुरु-गम्भीर बात कहते हुए किसी भी कवि के लिए जनमानस में स्वयं को स्थापित कर देना आज के युग में सबसे बड़ी उपलब्धि है। क्लिष्ट शब्दाडम्बर के

पल्लवग्राही पाण्डित्य को पीठ देकर इस उपलब्धि को अरुण ने उपलब्ध कर लिया है। शब्दों का सटीक साभिप्राय प्रयोग, कथ्य-शैली का सामंजस्य, विषय-वस्तु की तारतम्यता इस कवि की प्रकृति और प्रवृत्तिजन्य विशेषता है। हास्य में वाह है और व्यंग्य में आह किन्तु इस वाह और आह से एक राह का भी स्वत: संकेत मिलता है जिस पर व्यक्ति और समाज के चलने की प्रेरक दिशा-दृष्टि है।

अरुण की इन्द्रधनुष-रंगी रचनाएं बहु-आयामी हैं। कहीं हास्य की उन्मुक्त फुहार है, कहीं व्यंग्य की धारासार बौछार। कुछ कविताएं स्थिति-जन्य हैं, कुछ परिस्थिति-जन्य। व्यक्तिगत भी हैं, सामाजिक भी और राजनैतिक भी। कुछ सामयिक हैं और कुछ सामयिक होते हुए भी कालातीत। सभी प्रकार के रंग की तरंगें और लहरें हैं इस काव्य-संकलन के मानस-सरोवर में। कविताओं में गद्यात्मक पद्य और मुक्त छंद का प्रयोग है किन्तु तुकान्तों का तालमेल आकाश में उड़ती बक-पाँति की भाँति मनभावन हैं। तुकान्तों में श्रमसाध्य व्यायाम नहीं है; सहज-स्फूर्त विराम है।

अरुण एक मंच-सिद्ध कवि है और मंचीय कवियों के प्रति बुद्धिजीवी का प्रमाण-पत्र देने के लुलुप्सु कवियों का दृष्टिकोण अति संकीर्ण है। उनसे मैं आग्रह करूंगा कि वे हास्य-व्यंग्य के मंचीय कवियों के प्रति अपना पूर्वाग्रह त्याग कर इस कवि की कविताओं को पढ़ें और उनके अन्तर्तम से आह या वाह निकलना चाहे तो उसे निकलने दें-रोकें नहीं। वे आलोचक बंधुवर जो हास्य-रस को हेय रस मानने के मनोरोग से ग्रसित हैं, अपने विचार पर पुनर्विचार करेंगे। अरुण के प्रति लोचपूर्ण रवैया अपना कर अपने नीर-क्षीर विवेक का निष्पक्ष परिचय देने पर विवश होंगे, ऐसी मुझे विश्वासपूर्ण आशा है। कारण यह कि इस संकलन की रचनाएं केवल श्रव्य नहीं, पठ्य भी हैं।

यह कवि का प्रथम संकलन है। इसमें गुणों के साथ कुछ दोष भी होंगे। गुणीजन गुणों पर ध्यान देंगे - जिन्हें केवल दोष ही दिखाई देते हैं, वे तो चाँद को देखकर भी उसकी चाँदनी का रसपान छोड़ दाग को ही देख-देख कर कोसते रहेंगे और अन्त में प्रस्तुत संकलन के स्वर में स्वर मिलाते हुए -. फ़िलहाल इतना ही।

- ओम प्रकाश आदित्य

हास्य का निर्मल कवि

जीवन में जिस रस को आप जीते हैं, वही रस आपकी कलम से कविता, कहानी के रूप में निकल आता है। मैं यूं कहूं कि वीर रस के लिए जहां आपका निर्मम होना जरूरी है, वहीं हास्य लिखने के लिए आपका निर्मल होना ज़रूरी है। कुंठाग्रस्त व्यक्ति कभी अच्छा हास्य लिखना तो दूर, अच्छा हास्य सोच भी नहीं सकता। अक्सर मैंने देखा है - कई अच्छा हास्य लिखने वाले ज्यों ही कुंठाग्रस्त हुए, वे सजग करने की जगह घायल करने लग गए। अरुण जैमिनी इस सदी का हास्य का निर्मल कवि है। इसका सूर्योदय मैंने अपनी आँखों से देखा है और आज जब वह अपनी ऊंचाइयों पर है, तब भी इसकी वही अरुणाई बरक़रार है, जो कि आपकी आंखों को आकर्षित करती है, लुभाती है। अरुण के रूप में जो पूरब का सूरज मैंने देखा है, वह सदैव बरक़रार रहे... कभी पश्चिम की तरफ़ अपना रुख़ न करे। आने वाली सदियों की हास्य की सीढ़ियों पर इस युवा हास्य कवि को मैं निरन्तर चढ़ते हुए देखूं, यही कामना है।

- सुरेन्द्र शर्मा

बारहों ओर कविता के छोर

माहौल जब चारों ओर निराशा का हो, एक तरफ कुचले हुए दृश्यों की भरमार हो, दूसरी ओर राष्ट्रीय प्रगति की कछुआ रफ्तार हो, तीसरी तरफ बहुरूपिया भ्रष्टाचार हो, चौथी ओर रचनाकारों का लेखनी से बलात्कार हो, पांचवीं ओर परस्पर अनास्थाओं - अविश्वासों से क्षतिग्रस्त मध्यवर्गीय परिवार हो, छठी ओर युवाशक्ति बेरोज़गार हो, सातवीं ओर सत् और सत्ता में गहरी दरार हो, आठवीं ओर अठखेलियों के सपनों पर बड़ों की मार हो, नवीं ओर सोने की चिड़िया के दहन के लिए तंदूर बेक़रार हो, दसवीं ओर लाशों की जेब काटता पहरेदार हो, ग्यारहवीं ओर सामाजिक, सांस्कृतिक पर्यावरण पर अवर्णनीय प्रदूषण की मार हो और बारहवीं ओर हिन्दुस्तान की जगह 'इंडिया' से साक्षात्कार हो, तब अरुण की कविता दिल, जिगर और नज़र में भरे सारे नज़ारों की प्रतिक्रिया में एक व्यंग्य-स्मित लेकर मंच पर आती है। समाज के सामने भाषा और भाव की सगाई कराती है। हंसाते-हंसाते रुदन के कारक-तत्त्वों की ओर सशक्त ध्यानाकर्षण करती है और कवि-सम्मेलन के 'ज़ीरो-ऑवर' को भी गंभीर प्रश्नों से महत्वपूर्ण बना देती है।

अरुण के पास कहने को बहुत कुछ है। उस 'बहुत कुछ' को सुनने के लिए सभी लालायित रहते हैं। सरल-सहज, रोचक-बेधक अपनी विशिष्ट शैली में अरुण हिन्दी-जगत् की एक मंचीय आवश्यकता बन चुके हैं। इस पुस्तक के माध्यम से व्यापक पाठक-समुदाय तक पहुंचेंगे और पठन-पाठन के क्षेत्र की आवश्यकता भी बन जाएंगे, ऐसा मुझे विश्वास है।

आगे और भी सुनेंगे और पढ़ेंगे, 'फ़िलहाल इतना ही' सुन-पढ़ कर, भविष्य के रचनाकर्म के लिए अंतर्मन से साधुवाद!

– **अशोक चक्रधर**

अनुक्रम

कविताएं

जंगल का जनतंत्र

एक लीडर टाइप विचित्र जानवर ने
मुझे अपने जंगल में बुलाया
और वहाँ के जानवरों का
मुझसे परिचय कराया

ये भेड़ देख रहे हो
जिसकी आंखों पर पट्टी है
तुम्हें दुबली-पतली लगती होगी

वास्तव में
बहुत हट्टी-कट्टी है
इनकी ही वजह से
हम जानवर नेताओं में
युद्ध ठनता है
ये
मेरे देश की जनता है

और ये कछुआ
जो बहुत धीरे-धीरे चल रहा है
पीछे लौटने को
बार-बार मचल रहा है
कौन कहता है-इसकी धीमी गति है
ये
मेरे राष्ट्र की प्रगति है

उस टहनी पर तोते देख रहे हो
जो लगातार कुछ रट रहे हैं
बिल्कुल बेकार हैं
इस जंगल के साहित्यकार हैं

उधर वो काला कौआ
तुम्हें देखते ही शोर मचायेगा
पैसा फेंकोगे
तो शान्त हो जायेगा
उसके हाथ नहीं
बढ़े हैं नाखून
ये है
इस जंगल का काला कानून

उस तरफ़ देखो-
एक चीता गाय को खा रहा है
और बेचारा भेड़िया

लार टपका रहा है
चीते को कुछ नहीं कह रहा
हिंसा को
कितने अहिंसक रूप से सह रहा है
ये चीता और भेड़िया
दोनों इस जनतंत्र के
जीते-जागते उदाहरण हैं
भेड़ों में समाजवाद
इन्हीं के कारण है

तभी कुछ कुत्तों का शोर
हमारे कानों में पड़ा
देखा -
कुत्तों के समूह
मांस के टुकड़े पर झगड़ रहे थे
मैंने उत्सुकतावश पूछा
तो वो बोला -
ये मेरे ही रिश्तेदार हैं
इन्हीं के भरोसे
चलती सरकार है
और ये झगड़ा नहीं
प्रति पांच वर्ष बाद
होने वाला उत्सव है
और इसी पर
जंगल की स्वतन्त्रता को गौरव है!

भारत की घड़ी

एक आदमी ने
धरती से किया प्रस्थान
और यमराज के कक्ष में
घड़ियां - ही - घड़ियां देखकर
रह गया हैरान

हर देश की अलग घड़ी थी
कोई छोटी, कोई बड़ी थी
कोई दौड़ रही थी, कोई बन्द
कोई तेज़ थी, कोई मन्द

उनकी अलग-अलग रफ़्तार देखकर
आदमी चकराया
कारण पूछा तो यमराज ने बताया -
हर घड़ी की
उसी हिसाब से है रफ़्तार
जिस हिसाब से हो रहा है
उस देश में भ्रष्टाचार

आदमी ने
चारों तरफ़ नज़र दौड़ाई
पर भारत की घड़ी

कहीं भी नज़र न आई
आदमी मुस्कराया
फिर यमराज के कान में फुसफुसाया -
'भारत वाले
भ्रष्टाचार यहाँ भी ले आये
सच - सच बताओ
भारत की घड़ी न रखने के
कितने पैसे खाये'

यमराज बोले - 'बेटा
तेरे शक की सुईं
तो बिना बात उछल रही है
मेरे बैडरूम में जा के देख
पंखे की जगह
भारत की घड़ी चल रही है।'

दो और दो पाँच

हमारे शहर के
एक नेता जी
अचानक बीमार हो गए
बीमारी में
विरोधियों का हाथ था
सन्निपात था
आत्मा
शरीर में डोलने लगी थी
बड़बड़ा कर बोलने लगी थी

मैंने सोचा -
क्या विरोधाभास है
पहली बात तो
नेता के आत्मा होती नहीं
और अगर गलती से हो
तो बोलती नहीं
फिर सोचा -
हालत सीरियस है
मिल लेना चाहिए

तीन दिन तक
दाढ़ी बढ़ाने के बाद
जब मैं किसी की

तेरहवीं में जाने लायक हो गया
तो मनहूस-सी सूरत बना
उनके घर पहुँच गया
'हुज़ूर!
यह सब अचानक कैसे हो गया?'
वो बोले - 'भैया
बुढ़ापा है, हो जाता है।'
मैंने कहा -
'ये कोई बीमारी है या भूत है'
वो बोले - 'नहीं
यह सब विरोधी दल की करतूत है
क्योंकि
उनके सत्ता में आने के बाद ही
हमें पता चला
कि कुछ आत्मा भी होती है
जो कभी तथाकथित रूप से बोलती है
तो कभी तथाकथित रूप से रोती है
जब आत्मा रोये तो समझ लो
कुछ क्रूर हाथों द्वारा
किसी निर्दोष बस्ती का दम निकल गया
और आत्मा बोले तो समझ लो
नेता जी का दल, बदल गया
फ़िलहाल तो
हमारी आत्मा बोल रही है'

मैंने कहा - 'ठीक बात है
जब इस देश में
दो और दो पाँच हो सकते हैं
तो आपकी आत्मा भी बोल सकती है।'

वो चौंके -
'आप भी क्या अंट-शंट बकते हैं
दो और दो पाँच कैसे हो सकते हैं
गणित मैंने भी पढ़ा है
आठवीं पास हूं।'
मैंने कहा - 'क्यों
जब 'रघुपति राघव राजा राम' पर
डिस्को हो सकता है
तुम्हारे जैसा पद-लोलुप नेता
देश की दुर्दशा पर रो सकता है
राजनीति में
सांप और नेवला मिल सकते हैं
समय पर
बुद्धिजीवी के होंठ सिल सकते हैं
राजनीति इस देश की
अर्थव्यवस्था को मरोड़ सकती है
शराफ़त का साथ छोड़ सकती है
अपराधी नेताओं के पहलू में सो सकते हैं
और लाशों पर पैर रख कर
चुनाव हो सकते हैं
तो दो और दो पाँच भी हो सकते हैं।'

वो बोले - 'भैया
मुझे बेवकूफ़ मत बनाओ
ये सब तो सम्भावनाएं हैं
कैसे होते हैं, ये बताओ?'
मैंने कहा -
'मुझसे क्या पूछते हो
किसी बड़े उद्योगपति से पूछो
दो और दो पाँच कैसे होते हैं
किसी इन्कम-टैक्स बचाने वाले से पूछो

लोहे के बांध
और पुल चबाने वालों से पूछो
और एक ही फाइल में
लाखों पेड़ उगाने वालों से पूछो
दो और दो पाँच कैसे होते हैं...'
अभी मैं
उँदहारण दे ही रहा था
कि नेताजी का एक चमचा
अंदर आया
नेता जी के कान में फुसफुसाया
'हुज़ूर
अपनी आत्मा से कहिये
अब चुप हो जाये
उन्होंने आपको मंत्रिमण्डल में
लेने का निश्चय कर लिया है।'

सुनते ही
नेताजी की आंखों में
एक चमक आई
फिर बोले – 'जैमिनी भाई!
देखा आपने
एक आत्मा के बोलने से
अनेक लाभ कैसे होते हैं
तुम्हें उदाहरण देने नहीं आये
दो और दो पाँच ऐसे होते हैं।'

अखबार की उपयोगिता

मेरे एक मित्र ने
एक सज्जन से परिचय कराया -
'इससे मिलिए
ये एक अखबार में संपादक है
कुछ भी छापना इसका हक है
ये अखबार में छापता है -
कश्मीर की आग
बिहार का दाग
बढ़ते हुए अत्याचार
फैलता हुआ व्यभिचार
बढ़ते हुए बलात्कार
और कैसे डाला जाता है
स्वादिष्ट आम का अचार

ये उत्तेजक खबरें लाने के लिए
नेताओं और अभिनेताओं के
बैडरूम में भी घुस जाता है
और इसका अखबार
बैड टी के साथ
सिर्फ़ प्रैशर बनाने के काम आता है।

प्रदूषण

पिछले दिनों एक स्कूल ने
नेहरू जी का जन्म-दिन मनाया
और इस अवसर पर
पर्यावरण एवं प्रदूषण पर
विशाल मेला लगाया

छात्रों एवं अध्यापकों ने
मेले की सफलता के लिए
बड़ा जोर लगाया
इसलिए उसके उद्घाटन हेतु
उसी विभाग के मंत्री जी को बुलवाया
हालांकि
नेताजी उसी विभाग में मंत्री थे
पर पर्यावरण एवं प्रदूषण का
हिन्दी में अर्थ
उन्हें आज तक समझ में नहीं आया

उद्घाटन में बोले -
'नेहरू जी, हमारे महान् नेता थे
हम कलयुग हैं, वो त्रेता थे
उन्हें पर्यावरण बहुत पसन्द था
बल्कि वो पर्यावरण के पर्याय थे

और प्रदूषण
प्रदूषण को तो वो
बहुत प्यार करते थे
उनकी देखा-देखी
उनके हजारों अनुयायी
प्रदूषण पर मरते थे
इसीलिए मैंने
आज से बीस साल पहले
यह निर्णय लिया था
क्योंकि मेरे दो बेटों का नाम
कुलभूषण और बृजभूषण था
इसलिए तीसरे का नाम
मैंने प्रदूषण रख दिया था।'

उद्घाटन के बाद
नेताजी अपने मंत्रालय आए
तो उनके पी. ए.
उनके पीछे तुतलाते हुए आए
'स.....र, स.....र, ये चिट्ठी आई है
होम मिनिस्टरी ने भिजवाई है'
'किस मिस्त्री ने भिजवाई है?'
'मिस्त्री ने नहीं स.....र
मिनिस्टरी ने'
'तुम खड़े क्यों हो बैठ जाओ
और किसके बारे में है
पहले ये बताओ?'
'स.....र प्रदूषण के बारे में'
सुनते ही नेता जी मुस्कराने लगे
बोले -
'हैं..... हमारा प्रदूषण इतना बड़ा हो गया
कि उसके बारे में खत भी आने लगे'

'स.....र लिखा है
यह बहुत फैल रहा है।'
'वो तो फैलेगा ही
आखिर बेटा किसका है!'
'स.....र इसे रोकना है।'
नेताजी गुस्से से बोले -
'अब हमारा सर
किसी के आगे क्यूं झुकेगा
अगर रोकना ही था
तो बीस साल पहले कहते
अब ये किसी के रोकने से थोड़ी रुकेगा'
'स....र इसे रोकने के लिए
बीस करोड़ रुपया आ रहा है।'
'हैं..... प्रदूषण को रोकने के लिए
बीस करोड़ रुपया आ रहा है
फिर तो वो रुका ही हुआ है
वो कहाँ जा रहा है?
सुनो!
हमारे मातहत सभी विभागों को
'डी. ओ.' भिजवाओ
लिखो,
हमने इस समस्या का
स्थायी प्रबन्ध कर दिया है
और बीस करोड़ रुपये के लिए
अपने बेटे प्रदूषण को
कमरे में बंद कर दिया है।'

हिन्दी-हत्या

सरकारी कार्यालय में
नौकरी मांगने पहुँचा
तो अधिकारी ने पूछा -
'क्या किया है'
मैंने कहा - 'एम. ए.'
वो बोला - 'किस में'
मैंने गर्व से कहा - 'हिन्दी में'
उसने नाक सिंकोड़ी
'अच्छा... हिन्दी में एम. ए. हो
बड़े बेशर्म हो
अभी तक ज़िन्दा हो
तुमसे तो
वो स्कूल का लड़का ही अच्छा था
जो ज़रा-सी हिन्दी बोलने के कारण
इतना अपमानित हुआ
कि उसने आत्म-हत्या कर ली
अरे
इस देश के बारे में कुछ तो सोचो
नौकरी मांगने आये हो
जाओ भैया! कहीं कुआँ या खाई खोजो

मैंने कहा -
हिन्दुस्तान में रहते हिन्दी का विरोध

हिन्दी के प्रति इतना प्रतिशोध'
वो बोला -
'यह हिन्दुस्तान नहीं
यह इंडिया है
और हिन्दी
सुहागिन भारत के माथे की उजड़ी हुई बिन्दिया है
तुम्हारे ये हिन्दी के ठेकेदार
हर वर्ष
हिन्दी-दिवस तो मनाते हैं
पर रोज़ होती हिन्दी-हत्या को
जल्दी भूल जाते हैं।'

रहस्य-उद्घाटन

'पुरुष महिलाओं से
होते हैं अधिक बातूनी'
समाजशास्त्र के प्राध्यापक
की यह टिप्पणी
समाचार पत्रों में पढ़कर
महिलाओं के
पुलकित हो गए मन
और तुरन्त किया
एक सभा का आयोजन
जिसमें उन्होंने
प्राध्यापक के रहस्य-उद्घाटन का
रहस्य खोला
और पूरे सात घंटे तक
लगातार बोला।

हमें तो वोट चाहिए

बापू
तुम कब के स्वर्ग सिधारे
इस देश को करा के आज़ाद
लेकिन हर दो अक्तूबर को
रह-रह कर आती है तुम्हारी याद
क्योंकि आज हम
अपनी जिम्मेदारियों से बच रहे हैं
और तुम्हारी समाधि पर
सिर्फ़ षड्यंत्र रच रहे हैं

कितना सम्मान दे रहे हैं
तुम्हें और तुम्हारी आज़ादी को
कि अपने को तो पवित्र
और अपवित्र समझते हैं
तुम्हारी समाधि को

तुम्हारी जो लंगोटी थी न बापू
हम उसमें आग लगाकर
तुम्हारी आत्मा को जला रहे हैं
और वो तुम्हारी लाठी थी न बापू
उसे तेल में भिगो-भिगो कर
विरोधियों के सरों पर चला रहे हैं

तुम्हारे आदर्शों को चोट पहुँचा कर
हमने अपनी और तुम्हारी हँसी उड़ाई
हमें तोड़नी ही थी
इसीलिए तुम्हारी समाधि पर कसम खाई

तुम अहिंसा के पुजारी थे
प्रमाण बताते हैं
लेकिन आज हम
तुम्हारी समाधि पर पत्थर फिंकवाते हैं
और तुम्हें शैतान की
औलाद तक कह जाते हैं

तुम प्रजा के हमदर्द थे
परवाह करते थे भूखों की
चिंता करते थे प्यासों की
लेकिन आज हम
दंगों व बाढ़ में मरे
लोगों को देखने नहीं जाते
क्योंकि वोट नहीं होती लाशों की

तुम मर गये
पर हम तुम्हें मरने नहीं देंगे
हमें तो वोट चाहिए
और वो जब तक मिलेंगे
तुम्हारे ही नाम पर लेंगे
चाहे गुण गा कर
या गालियाँ सुना कर।

प्यार एक अंगीठी है

पति ने पत्नी को
पास बुलाया
प्यार करते हुए उसे
प्यार का अर्थ समझाया –
'यूं तो प्यार एक आग है –
शोला है
चिंगारी है
धुआँ है
फिर भी प्यार की तड़प
कितनी मीठी है'

पत्नी बोली –
'सीधी तरह क्यों नहीं कहते
प्यार एक अंगीठी है!'

रुपये का अवमूल्यन

'रुपये का अवमूल्यन हो गया'
यह समाचार
रोज़ अखबार की सुर्खियां बनकर
छा रहा है
मुझे लगता है, रुपया न हुआ
आदमी का चरित्र हो गया
जो गिरना शुरू हुआ
तो गिरता ही जा रहा है

कल रिज़र्व बैंक के नुक्कड़ पर
फटे कपड़े, बुरा हाल
बदहवास, बेहाल
न चेहरे पर तेज़, न मुस्कान
एकदम सींकिया पहलवान
रुपया मिला
मैंने पूछा - क्या हाल है'

वो बोला -
'सब वित्त मंत्री का कमाल है
एक नया फार्मूला निकाला जा रहा है
मेरी सेहत बनाने के लिए ही
मुझे कमजोर किया जा रहा है'

मैंने कहा - 'ये क्या हाल बना रखा है
कुछ लेते क्यों नहीं?'
वो बोला - 'मुझे बीमार दिखाकर
वित्तमंत्री
अन्तर्राष्ट्रीय बाज़ार से
टॉनिक ला रहे हैं
और उनका दावा है
उस उधार के टॉनिक से
मेरी सेहत
पहले जैसी बना रहे हैं'

मैंने कहा - 'भैया,
हम तो गाते थे
बाप बड़ा ना भैया
सबसे बड़ा रुपैया
जब आप ही कमज़ोर हो जायेंगे
तो हम गरीबों का क्या होगा
हम क्या खायेंगे'

वो बोला - 'मेरी कमज़ोरी से
गरीब आदमी की कीमत तो बढ़ी है
लगता है तुमने गुण्डों की दुकान की
ताज़ा रेट लिस्ट नहीं पढ़ी है
पहले जो लोग
तीस हज़ार में मारे जाते थे
अब वो
पचास हज़ार में अपनी जान गंवाते हैं
और जिस गरीब बस्ती को

पहले साठ हज़ार में जलाया जाता था
उसको जलाने के
अब वे पूरे एक लाख पाते हैं
तुम सोचते हो
तुम्हारी कोई कीमत नहीं, हस्ती नहीं
अरे सरकार को बधाई दो
तुम्हारी मौत अब पहले जैसी सस्ती नहीं
अभी देखते जाओ
ये क्या-क्या गुल खिलायेंगे
क्या-क्या गिरवी रखेंगे
क्या-क्या बेच खायेंगे
कहीं ऐसा न हो
कल ये गिरवी रख दें
अवध की सुबह
मालवा की शाम
अयोध्या का राम
मथुरा का घनश्याम
कश्मीर की घाटी
मेवाड़ की माटी
बनारस के घाट
लखनऊ के हाट
आगरे का ताज
जनता का राज
लालकिले की लाली
आसाम की हरियाली
बच्चों की मुस्कान
हँसता हुआ किसान

ये
गरीब आदमी को जीने नहीं देंगे
अरे ज़हर की बात छोड़ो
अपने आंसू तक पीने नहीं देंगे।

सलाह की फीस

'भाइयो!
शादी के बाद मत पछताइए
उचित सलाह के लिए
हमारे पास आइए
फीस है केवल सौ रुपये
छुटकारा पाइए, मौज मनाइए'
यह विज्ञापन पढ़कर
एक कुआँरा
वहाँ पहुँच गया झट से
विज्ञापनदाता ने उसे सलाह दी
सौ का नोट रखते हुए फट से -
'जीना या मरना
बस, शादी ही मत करना।'

ख़ूबसूरत आंखें

'रोने से आंखें
ख़ूबसूरत होती हैं'
यह समाचार पढ़कर
उनकी पत्नी
नियमित रूप से
रोने लगी हैं
और सुन्दर नयनों की
कल्पना में खोने लगी हैं,
उनके
नियमित रोने का परिणाम
हमारे सामने आया है
अभी-अभी हमनें
उनकी आंखों पर
मोटा-सा चश्मा लगा पाया है।

चोर-चोर

एक रात जब मैं
कवि-सम्मेलन से घर आया
तो दरवाज़ों को
अपने स्वागत में खुला पाया,
अंदर
कवि की कल्पना
या बेरोज़गार के सपनों की तरह
सारा सामान बिखरा पड़ा था
और मैं
हूट हुए कवि की तरह खड़ा था,
क्या-क्या गिनाऊं सामान
बहुत कुछ चला गया श्रीमान्
बस एक ट्रांज़िस्टर में
बची थी थोड़ी-सी ज्योति,
जो घरघरा रहा था -
'मेरे देश की धरती सोना उगले
उगले हीरे-मोती'

सुबह होते ही लोग आने लगे,
चाय पीकर
और उपदेश पिलाकर जाने लगे,
मेरे ग़म में अपना ग़म
गलत करने के लिए

ठूँस-ठूँस कर खाने लगे,
चोरी हुई सो हुई
चीनी-पत्ती-दूध पर पड़ने लगा डाका
दो ही घंटे में
खाली डिब्बों ने मेरा मुँह ताका,
मेरी परेशानी देखकर
मेरे पड़ोसी शर्मा ने ऐसा पड़ोसी धर्म निभाया,
मुझसे पैसे लिए
और पत्ती-चीनी के साथ समोसे भी ले आया

इसी तरह चाय पिलाते-पिलाते
और चोरी का क़िस्सा बताते-बताते
सुबह से शाम हो गयी
गला बैठ गया और आवाज़ खो गयी
पचहत्तरवें आदमी को
जब मैंने बताया
तो गले में दो ही शब्द बचे थे - ' हो - गयी'

अगले दिन मैंने
दरवाज़े जितना बड़ा बोर्ड बनवाया
और उसे दरवाज़े पर ही लटकाया
जिस पर लिखवाया -
भाइयो और बहनो,
कल रात जब मैं घर आया
तो मैंने पाया
कि मेरे यहाँ चोरी हो गयी
चोर काफ़ी सामान ले गये
मुझे दु:ख और आपको खुशी दे गये
क्योंकि अब मैं जान गया हूँ
कि वही आदमी सुखी है
जिसका पड़ोसी दुखी है,
कृपया अपनी खुशी

मेरे साथ शेयर न करें
अंदर आकर
चाय मांगकर शर्मिंदा न करें
आपका अदर्शनाभिलाषी'

लेकिन उसे पढ़कर एक नर-पुंगव अंदर आया
मैंने अपना गला सहलाते हुए उसे बोर्ड दिखाया
वो बोला - 'भाई साहब,
बोर्ड मत दिखाओ
हुई कैसे, ये बताओ'
मेरे पत्रकार मित्र ने तो पूरी कर दी बरबादी
अगले दिन ये खबर अखबार में ही छपवा दी,
अब क्या था
मेरी जेब में मच गया हाहाकार
दूर-दूर से आने लगे
जाने-अनजाने, यार-दोस्त, रिश्तेदार,
एक दूर के रिश्ते की मौसी बोली -
'बेटा, आज तो मेरा व्रत है
आज तो बस मैं फल और मेवे ही खाऊंगी
और जब तक चोर पकड़ा नहीं जायेगा
तुझे अकेले छोड़कर नहीं जाऊंगी',

दस दिन बाद मैंने हिसाब लगाया
चोरी तो तीन हज़ार की हुई थी
पर उसका हाल बताने में
पांच हज़ार का खर्चा आया
मैंने सोचा, बचे-खुचे पैसे भी
ठिकाने लग गये तो कहाँ जाऊंगा
अगर दस दिन और इसी तरह चलता रहा
तो मैं तो मारा जाऊंगा

अगले दो दिन और मैं इसी तरह से जिया
पर तीसरे ही दिन

मैंने एक खतरनाक और ऐतिहासिक फैसला लिया,
अपने भीतर
फ़ौलादी इच्छा - शक्ति भर ली
और उसी रात पड़ोसी शर्मा के यहाँ
छोटी-मोटी चोरी कर ली

अगले दिन मैंने
सुबह का नाश्ता शर्मा जी के यहाँ जमाया
पत्रकार मित्र से कहकर अखबार में छपवाया
और अपने रिश्ते की मौसी को
उसके रिश्ते की बुआ बनवाया,
अब जब भी
उसके घर की घंटी बजती
मेरे भीतर के जानवर को
बहुत खुशी मिलती
मैं मन ही मन कहता -
'अबे शर्मा राम भरोसे
ले और खा समोसे'

अब शर्मा जी की तबीयत बुझ गई,
मेरी खिल गई,
जिसकी पिछले तेरह दिन से इंतज़ार थी
वो शांति मुझे मिल गई
मेरी जेब में पड़ा
आख़िरी दस का नोट
अब किसी से नहीं डरेगा
अब मुझे पता है
कि मेरे यहाँ चोरी क्यों हुई
और मोहल्ले में
अगली चोरी कौन करेगा।

पुराने पात्र : नये संदर्भ

बेताल ने
विक्रमादित्य को कंधे से उतारा
जगाते हुए उसे जोर का चपत मारा
उठते ही राजा के
बेताल ने कहा – 'विक्रमादित्य
मैं सदियों से तुम्हें
कहानी सुनाता आया हूँ
और आज भी तुम्हें

एक कहानी सुनाऊंगा,
तुम्हें मेरे एक प्रश्न का
उत्तर भी देना होगा
वरना
मोहल्ले के गुंडों से पिटवाऊंगा'

इतना कहकर
बेताल ने बीड़ी सुलगाई
और ये कहानी सुनाई -
'एक राजा के तीन लड़के थे
सभी अपने-अपने क्षेत्र में
एक से एक बढ़ के थे
पहला साहित्य का विद्वान था
पूरे राज्य में उसका मान था
दूसरा विज्ञान का ज्ञाता था
सारे समाज को भाता था
तीसरा आवारा था
हर लड़की पर दिल फेंकता था
और हर रोज़
शराब पीकर ऐय्याशी करता था

राजा जब बूढ़ा हुआ
तो उत्तराधिकार की समस्या सामने आई
तुरन्त उसने अपनी सभा बुलाई
जिसमें सभी ने
अपनी - अपनी राय बताई
आख़िर में राजा को एक सुझाव पसन्द आया
उसने तीनों लड़कों को दरबार में बुलाया
और प्रत्येक को
पचास हज़ार रुपये दे कर कहा -
'जो इस धन को
सही उपयोग में लायेगा
वही राजगद्दी पायेगा'

महीने भर बाद फिर दरबार लगा
नये राजा को देखने पूरा दरबार भरा
तीनों लड़के ऐंठे-ऐंठे थे
निर्णय के लिए
तीन निर्णायक बैठे थे
सबसे पहले
सबसे बड़ा लड़का आया
उसने धर्म और शास्त्र को
निचोड़ कर
बनाया गया थीसिस सुनाया
जिसे सुनते ही
निर्णायकों की आंखें फट गईं
और उंगलियाँ
अपने आप दांतों तले दब गई
दूसरे ने आ कर
अपनी वैज्ञानिक प्रतिभा को दिखाया
और बिना बादलों के पानी बरसाया
उसने बंजर भूमि को
उपजाऊ बनाने की विधि बताई
जिसे सुनकर
निर्णायकों ने भी अपनी गर्दन हिलाई

तीसरे ने आने से पहले
किंग साइज़ की सिगरेट सुलगाई
और कुछ नहीं किया
सिर्फ़ निर्णायकों को
एक-एक पर्चा दिया
जिसे पढ़कर
प्रत्येक निर्णायक का चेहरा खिल गया
और निर्णय
तीसरे के पक्ष में मुड़ गया

तो बताओ राजन्!
ऐसा कैसे हुआ?'

कहानी सुनते ही
विक्रमादित्य ने माथा ठोंका
जेब से
रूमाल निकाल कर पसीना पोंछा
फिर उत्तर दिया -
'तुमने कहानी के प्रारम्भ में ही
उसके उच्च चरित्र
के बारे में बताया था
उसके सभी गुणों को दर्शाया था
उसने पर्चे में यही छपवाया था -
'हे निर्णायको
तुम क्यों अपना बुढ़ापा
बरबाद कर रहे हो
अपने बच्चों को
भूखे पेट क्यों मार रहे हो
मैं चाहूं
तो तुम्हें लखपती बना दूंगा
मेरे मंत्रिमण्डल में
जो जगह पसन्द हो,
वही दिलवा दूंगा
ऐसा पत्र पढ़कर
क्या तुम नहीं फिसल जाते बेताल?'

बेताल ने इस प्रश्न का
कोई उत्तर नहीं दिया
विक्रमादित्य को कंधे पर लादा
और वापस चल दिया।

हिन्दी - साहित्य

कवि जी ने अपना नाम
हिन्दी - साहित्य में
लाने के लिए
अच्छा सा उपाय खोज लिया

लड़की का नाम 'हिन्दी'
और
लड़के का नाम 'साहित्य' रख दिया।

शुभकामनायें

इकत्तीस दिसम्बर को
अलग-अलग चैनल के
हंगामे देखने के बाद
मैं यह प्रार्थना करके सोया
'हे भगवान्, भूल न जाना
सुबह - सुबह किसी
भले आदमी के दर्शन कराना'

सुबह पत्नी ने मुझे जगाया
और सबसे पहले आईना दिखाया
बोली - लीजिए
सवेरे - सवेरे अपने दर्शन कीजिए
और इस सदी में
खुद को ही दोष दीजिए'
मैंने कहा - हे भगवान्
नई सदी की पहली सुबह
अपने ही दर्शन
प्रार्थना के बावजूद
इतना थर्ड क्लास प्रदर्शन'
पत्नी बोली - चलो
अब जल्दी से तैयार हो जाओ
सदी का पहला दिन है शॉपिंग कराओ

बच्चों को अप्पू घर घुमाओ
बड़े से होटल में डिनर कराओ
नहाना है तो ठंडे पानी से नहाओ
आज तो मुझे
ज़हर खाने को भी फुर्सत नहीं है'
मैंने कहा - 'काम तो लगे ही रहते हैं
आज तो फुर्सत निकाल ही लो'

तैयार हो कर जैसे ही बाहर निकले
कंधे पर झोला लटकाए
एक वीर रस के कवि का
हो गया दीदार -
मैंने कहा - लो, इस सदी का तो
हो गया बेड़ा पार'
वो बोला - सुबह - सुबह
किसका मुँह देखकर आये हो
जो इतना घबराये हो
मुझे देखो, कितना खुश हूँ
क्योंकि तुम पहले मुर्गे हो
जो सुबह से टकराये हो
मैंने कल ही
एक नया खण्ड काव्य लिखा है
शीर्षक है - 'एटम बम'
मैंने कहा - 'मेरे सर पर ही फोड़ोगे
साल के पहले दिन भी नहीं छोड़ोगे'
बोला - यार, हमारे होते हुए
साल के पहले ही दिन मुस्करायेगा
घोड़ा घास से यारी करेगा तो क्या खायेगा'

उस घोड़े से किसी तरह बचकर भागे
एक नाटक कलाकार

पूरे मेकअप में टकरा गये आगे
मैं बड़बड़ाया -
हे भगवान् दुहाई है, दुहाई
साल के पहले दिन
ये सूरत भी दिखाई
कलाकार हाथ जोड़कर बोला
'मैं समय हूँ
पिछली सदी भी मैंने देखी
यह सदी भी मैं देखूंगा
और आने वाली सदी भी
मुझे ही देखनी है
नव - वर्ष की शुभ बेला में
समय की बधाई स्वीकार करें भ्राताश्री
प्रात:काल
भाभी श्री और बच्चों श्री के साथ
कहाँ चले आर्यपुत्र?'
मैंने कहा - मामा श्री
आपकी अनुमति हो तो आज
इन्द्रप्रस्थ में विचरण करने का विचार है।'

उससे पिण्ड छुड़ाकर हम जैसे ही चले
गली में मुड़ते ही
मोहल्ले के क्रिकेट खिलाड़ी मिले
मैंने कहा - 'गली में कैसे खड़े हैं आप'
वो बोले - 'मोहल्ला हो या मैदान
अपनी तो यही पोजिशन है
आप सुनाओ
आज तो नये बैट-सी दमक है
भाभी के चेहरे पर भी
नयी गेंद-सी चमक है'
मैंने कहा - आप सुनाओ कैसे हो?

वो बोले - - 'क्या सुनाऊं
गृहस्थी के चक्कर में बरबाद हो गया हूँ
जीवन की क्रिकेट का अमरनाथ हो गया हूँ
पाँच दिवसीय क्रिकेट की तरह
अपनी ज़िन्दगी भी नीरस है भाई
अरे हाँ! एक बात तो कहना ही भूल गया
नयी सदी को आपको शतकीय बधाई'

ख़ैर..... ऐसे महानुभावों से
किसी तरह बच-बचा के घर आया हूँ
आपके लिए कुछ कहकहे लाया हूँ
आप सब कहकहे लगायें
ऐसे सज्जन आपके निकट न आयें
बस यही है मेरी तरफ़ से
नई सदी की शुभकामनायें।

धंधे ही धंधे

बेरोजगारी से दुखी
हमारे एक मित्र ने हार कर कहा -
'अब़ मैं क्या करूं?'
मैंने कहा -
'धंधों की इस देश में क्या कमी है
कुछ नहीं बन सकते तो नेता बन जाओ
खादी का कुरता पहनो
और देश को च्युइंगम समझ कर खाओ
अखबार नहीं पढ़ते तुम
इस देश में
नेताओं का सबसे अधिक उत्पादन है
तुम एक ईंट उठाओगे
उसके नीचे दस नेता पाओगे
सभी के हाथ
नमस्कार की मुद्रा में जुड़े होंगे
सभी के मुंह
भाषण देने की मुद्रा में खुले होंगे
नेता बनने के बाद
जनता के बारे में सोचना भी पाप है
क्योंकि उसके बाद तो कुर्सी ही बीवी
कुर्सी ही माँ और कुर्सी ही बाप है'
वो बोला -
'नेता बनना अपने बस की बात नहीं
खादी का कुरता
और खादी की धोती बहुत सताती है
तुम्हें पता नहीं
खादी बड़े आदमी को बड़ा
और छोटे को छोटा बनाती है'

मैंने कहा -
'तो फ़िर कवि हो जाओ
दो - तीन कवितायें बनाओ
एक गलेबाज़ लड़की को पकड़ो
फिंर पूरे देश में घूमो-घुमाओ
कवि - सम्मेलन में पैसा कमाओ
अगर मंच पर नहीं जमो
तो तुरन्त अश्लील हो जाओ
इस देश के श्रोता
अश्लीलता पर ही हँसते हैं
उनकी इस कमजोरी का फ़ायदा उठाओ
जितना नीचे गिर सकते हो, गिर जाओ
क्योंकि जितना नीचे गिरोगे
मंच पर उतना ही उठोगे'
वो बोला -
'कविताएं तो जैसे-तैसे बन जायेंगी
लेकिन मैंने
सभ्यता और संस्कृति का ज़हर पिया है

लड़की कहाँ से लाऊंगा
और इतना अश्लील कैसे हो पाऊँगा'

मैंने कहा - 'अरे
बैंकों को लूटना भी एक व्यवसाय है
सबसे आसान इसी की आय है
नकली पिस्तौल लो, नकली दाढ़ी लगाओ
और अपने साथियों समेत
किसी भी बैंक में बेखटके घुस जाओ
ऐसे समय में
चौकीदार की असली बंदूक
कंधे पर पड़ी-पड़ी सोती है
इस अहिंसा को देखकर
गांधी जी की आत्मा
बहुत खुश होती है
तुम सोचोगे कि पुलिस
तो भाई
पुलिस ऐसे मामलों में कुछ नहीं करती
दरअसल पुलिस की
एक निश्चित संख्या है
अब उन से चाहे बैंक की सुरक्षा करा लो
या उन्हें हत्या, अपहरण
या बलात्कार जैसे बड़े कामों में लगा लो

अगर तुम
लाशों की भी जेब काट सकते हो
तो समाज - सुधारक बन जाओ
नारी - कल्याण के नाम पर
रंगरलियां मनाओ
और बाढ़-पीड़ितों के नाम पर
चंदा पचाओ
पगले!
इस देश की स्थिति पर
तू क्यों शर्मिन्दा है

अरे यहाँ तो
शादी करना भी एक धंधा है
भारी दहेज समेत
एक लड़की को घर लाओ
फिर उसे
लकड़ी समझ कर जलाओ
फिर दूसरा, फिर तीसरा
फिर चौथा ब्याह रचाओ
और उनके साथ भी ऐसे ही
सांस्कृतिक कार्यक्रम अपनाओ
अरे मूर्ख,
जहाँ चाह वहाँ राह होती है
और तो और
बच्चे पैदा करने से भी आय होती है
बिना किसी देश की सहायता लिए
हम एक अरब हो गये
इस धंधे को अपना लो - क्या डर है
तुम्हें पता नहीं
इस मामले में हमारा देश आत्म-निर्भर है
जब भूखे मां - बाप
मनोरंजन के नाम पर
बच्चे पैदा करते हैं
तो गर्भ से बच्चे
विकलांग ही निकलते हैं
उन विकलांग बच्चों से भीख मंगवाओ
वे भी खायें और तुम भी खाओ
अरे, पेट भरना है तो
नैतिकता को भूलना पड़ेगा
इस खुशहाल देश में तुम्हें
परिस्थितियों की बांहों में ही झूलना पड़ेगा
इन काग़ज़ी डिग्रियों को
कब तक चबाओगे
ये भी ख़त्म हो जायेंगी
तो फिर क्या खाओगे?

वाह! क्या सीन है

इधर-उधर भीड़-भाड़ बदबू का राज है
गायब हर एक दवा, कोढ़ में भी खाज है
पड़े हुए खड़े हुए रोगी लाचार हैं
सरकारी अस्पताल खुद ही बीमार हैं
डॉक्टरों की बांहों में नर्सें नमकीन हैं
मरते-मरते रोगी देख-देख कर बोले -
वाह! क्या सीन है, आह! क्या सीन है

सरकारी ख़सम खूब नखरे दिखलाते हैं
देर से पहुँचते हैं शीघ्र चले जाते हैं
वो केवल वज़नदार फाइल सरकाते हैं
रिश्वत ही पीते हैं रिश्वत ही खाते हैं
क्लर्क नोट गिनने में रहता तल्लीन है
खुश होता देख-देख अफसर ये कहता है -
वाह! क्या सीन है, वाह! क्या सीन है

गानों में नारी का दैहिक गुणगान है
बजती हैं खटियाएं लज्जा वीरान है
चुम्बन आलिंगन हैं द्विअर्थी भाषा है
भंगिमाएं नंगी हैं, ख़ूब ये तमाशा है
खुला-खुला कुरता है कसी-कसी जीन है
टी. वी. पे देख-देख बच्चे भी कहते हैं -
वाह! क्या सीन है, वाह! क्या सीन है

न्याय की आंखों पे बंधी हुई पट्टी है
शरीफ़ों की खातिर तो न्यायालय भट्टी है
महंगा है न्याय बहुत सस्ते ईमान हैं
इन्तज़ार में जाने कितने इन्सान हैं
बेकसूर जो भी है वो ही ग़मगीन है
मूंछों को ऐंठ-ऐंठ अपराधी कहते हैं -
वाह! क्या सीन है, वाह! क्या सीन है।

मिलावट

मैंने लाला जी से कहा -
'क्यों व्यापारी वर्ग को बदनाम करवाते हो
शर्म नहीं आती
हल्दी में पीली मिट्टी मिलाते हो'
वो बोल - श श श .... !
यहाँ जोर से बोलना मना है
तू भी तो
पांच तत्त्वों से मिलकर बना है
ज़रा सोच
कैसे बनी ये ज़मीन
कैसे हुई ये रंगीन
भूमि में किसान ने
बीच के साथ खाद मिलाई
तभी तो फसल लहलहाई

अगर हम
दूध में थोड़ा-सा खट्टा नहीं मिलाते
तो प्यारेलाल दही कहाँ से पाते

अबे मिलावट के विरोधी
पानी के चरित्र से कुछ तो सीख
उसकी तरह

जिस चीज़ में मिले वैसा ही दीख
अगर तू भी
अपनी डिग्री में
सिफ़ारिश या नोट मिलाता
तो तुरन्त नौकरी पा जाता
इस तरह यहाँ आ कर
हल्दी में पीली मिट्टी मिलाने का
शोर नहीं मचाता
हमारा क्या है
हम तो मसालों में
घोड़े की लीद मिलाते हैं
इसे ही खाकर तो
हमारे खिलाड़ी
ओलम्पिक में दौड़ने जाते हैं!'

जेलेरिया

एक दिन मैंने अखबार में पढ़ा
जेल में मिलती हैं सुविधायें आलीशान
देखने को रंगीन टी. वी., पढ़ने को पत्र-पत्रिकायें
और खाने को मिलते हैं
एक से एक बढ़िया पकवान
ये पढ़कर मुझ बेरोजगार को लगा
कि यहाँ तो मिलती हैं फाईव स्टार सुविधायें
नौकरी ढूंढ़ने से तो अच्छा है
किसी तरह जेल ही चला जाए

अब मुझे दिन में, रात में
गर्मी, सर्दी, बरसात में
कश्मीर की वादियों की जगह
जेल के हसीन, रंगीन
दिलकश सपने आने लगे
रोज़ - रोज़ लुभाने लगे
मेरी आत्मा मुझे बार-बार कचोटती
'मूर्ख! कवि - सम्मेलन में चला जाता है
इससे अच्छा जेल क्यों नहीं हो आता है'

जेल जाने की धुन में
मैं इस क़दर बीमार पड़ गया

मलेरिया की जगह
जेलेरिया में जकड़ गया
इस अवस्था में मैं
घर पर भी
क़ैदियों वाले कपड़े पहनने लगा
और घर की खिड़की के
सीखचों पर बैठने लगा
जब-जब भी कोई मेहमान मिलने आया
मुझे ऐसा लगा
जैसे जेल में कोई मिलाई करने आया

जब बात हद से आगे बढ़ गई
तो मैरे पैरों की जोड़ी
तिहाड़ जेल की ओर बढ़ गई
मैंने वहाँ देखा -
एक क़ैदी
रिवाल्विंग चेयर पर बैठा
रसमलाई खा रहा था
और एक पुलिसवाला
उनके पैर दबा रहा था
और साथ-साथ गिड़गिड़ा रहा था -
'भाग जा, भाग जा मेरे बाप
कब तक हमारी छाती पर मूंग दलेगा
चालीस किलो से
अस्सी किलो का तो हो गया
और कितना पलेगा'

क़ैदी मुस्कराया -
'ज्यादा मत गिड़गिड़ाओ
जाओ! हमारे लिए किंग साइज़ की सिगरेट

और एक जोड़ा पान लेकर आओ'
सिपाही के जाते ही मैंने
क़ैदी को दण्डवत् प्रणाम किया
और कहा - 'हे महान आत्मा
मेरा मार्ग-दर्शन कीजिए
मेरी जेल जाने की हार्दिक इच्छा है
इन चरणों में जगह दीजिए
कोई उपाय बताइये
और किसी भी तरह से सही
मुझे जेल ले आइये'
क़ैदी पिघला -
'हूँ.... तो तू जेल में आयेगा
मिठाइयां और पकवान खायेगा
ऐसा कर
किसी की टांग तोड़ दे
या अपनी खोपड़ी
किसी की खोपड़ी से भेड़ दे
या फिर कोई लड़की छेड़ दे'

यह ब्रह्म वाक्य लेकर
मैं वापस घर आया
और तुरन्त अपनी खोपड़ी लेकर
एक गंजे पड़ोसी की खोपड़ी को
काफ़ी नुकसान पहुँचाया
पर उसे तो गुस्सा ही नहीं आया
मैं चकराया और बोला -
जा-जा
फ़ौरन पुलिस में रिपोर्ट लिखा'
लेकिन वो मुस्कराया
बोला - 'अच्छे बच्चे ऐसा नहीं करते'
और मुझे घर छोड़ आया
एक दिन मैंने
मोहल्ले के आवारा लड़के की टांग तोड़ दी
और घर पर करने लगा इंतज़ार
कि पुलिस वाले अब आयें, अब आयें
लेकिन थोड़ी देर बाद ही
मोहल्ला सुधार समिति के कुछ सदस्य आये
बोले - 'आपने उस आवारा की टांग तोड़ी,
धन्यवाद!
हम सार्वजनिक रूप से
आपकी प्रशंसा करना चाहते हैं
और इस पुण्य कार्य के लिए
आपका अभिनन्दन करना चाहते हैं'
अभिनन्दन के एक हफ़्ते बाद
वही आवारा लड़का मेरे घर आया
और मिठाई का डिब्बा मेरे हाथ में थमाया
बोला - 'आपसे मिलकर तो
मेरी ज़िन्दगी बदल गई
उस दिन आपने
टांग तोड़कर मुझे विकलांग किया

और इस चक्कर में
मुझे नौकरी मिल गई'

मैंने सोचा - अब तीसरा उपाय किया जाये
बस में किसी लड़की को ही छेड़ दिया जाये
बस में घुसते ही मैंने
एक सुन्दर कन्या की तरफ़ आंख चलाई
वो कुछ नहीं बोली
तो मैंने उसकी उंगली दबाई
लेकिन वो तो कमाल थी
उसने अपनी उंगली ही नहीं हटाई
उंगली से
हम थोड़ा और आगे बढ़े
तो दो पुलिसवाले
हमारे सर पर आ चढ़े
बोले - 'शर्म नहीं आती
सरेआम लड़की को छेड़ता है
अपनी उंगली
उसकी उंगली से भेड़ता है'
तभी तीसरे पुलिसवाले ने उन्हें टोका
'अबे रहने दे, रहने दे
सस्पैंड कर देगा दरोगा
सरेआम लड़की छेड़ रहा है
ज़रूर किसी बड़े बाप का बेटा होगा'
पहला बोला - 'नौकरी गई भाड़ में
ये बड़े बाप के बेटे
ऐसा ही करते हैं शराफ़त की आड़ में'

लड़की दरअसल छिड़ी ही नहीं थी
उंगली उसकी उंगली से भिड़ी ही नहीं थी
इसलिए वो बीच में ही बोली -

'भाई साहब,
क्यों इतने हैंडसम लड़के को बदनाम करते हैं
इन्होंने तो मुझे छेड़ा ही नहीं'
उस लड़की को छेड़ना
मुझे और सता गया
क्योंकि शाम को ही उसका बाप
घर पर रिश्ता ले कर आ गया

एक दिन मैं एक बड़े से होटल में पहुँचा
वहाँ छत्तीस प्रकार के
व्यंजनों का आनंद उठाया
और जब बिल देने का नम्बर आया
तो मुँह बिचकाया
होटल वाले ने तुरन्त
पुलिस को फोन मिलाया
पुलिसवाले आये और मुझे
सीधे अदालत ले गये
लेकिन अपनी तो किस्मत ख़राब थी
इस बार मुझे
जज साहब गच्चा दे गये
बोले - 'हम इंसाफ़ करते हैं
तुम्हारा पहला अपराध है
इसलिए माफ़ करते हैं'

एक दिन मैंने
एक महिला का पर्स चुराया
और भागा-भागा पुलिस स्टेशन आया
वह महिला वहीं बैठी पाई
और जैसे ही उसने
पर्स चोरी जाने की रिपोर्ट लिखवाई
मैंने पर्स को

थानेदार के आगे सरकाया
और हथकड़ी लगवाने की मुद्रा में
अपने हाथों को आगे बढ़ाया
थानेदार ने मेरे हाथों को झिड़क दिया -
'हुँ... मुफ्त में ही जेल जाना चाहता है'
इतना कहकर उसने
एक फोन मिलाया
और अपने साले को
थाने में बुलवाया
मुझे दो डंडे मारकर
वापस भिजवा दिया
और पर्स चुराने के आरोप में
उस साले ने
अपने साले को अंदर करवा दिया'

उसके बाद मैंने कितने ही प्रयास किये
कुछ जानबूझ कर, कुछ अनायास किये
पर जेल वाले तो
मुझ से खाये हुए थे ख़ार
मुझे जेल में लेने को नहीं थे तैयार
लेकिन मैंने जहाँ-जहाँ भी ये कविता सुनाई
लोगों की भावनाओं ने ली ऐसी अंगड़ाई
कि सबकी इच्छा जेल जाने की हो आई
लोगों पर इस कविता का
इतना प्रभाव पड़ा
कि चारों ओर
जेल भरो आंदोलन चल पड़ा

कैदियों की संख्या हो गई ज़्यादा
और पुलिस उन्हें छोड़ने पर थी आमादा
एक बार तो पुलिसवालों ने

क़ैदियों की आत्मा ही झिंझोड़ दी
क़ैदियों के भागने के लिए
जेल की दीवार ख़ुद ही तोड़ दी
पर उनके तो आइडिये ही
उल्टे पड़ गये
अगले दिन गिनती हुई
तो एक सौ पच्चीस क़ैदी
ज़्यादा बढ़ गये
अब तो मुझे
पाठकों से ही कुछ उम्मीद है
इतना क्वालीफाइड अपराधी
खुले आम घूम रहा है
जेल जाने के लिए
कोई सोर्स ढूंढ़ रहा है
अब आप ही कुछ उपाय बताओ
किसी भी तरह से सही
मुझे आप जेल तो भिजवाओ
वैसे आप भी क्या उपाय बताओगे
अगर आपके पास ही कुछ उपाय होते
तो इस समय आप
घर पर या पुस्तकालय में नहीं
बस, हवाई जहाज या रेल में नहीं
बल्कि जेल में
मेरी यह कविता पढ़ रहे होते।

स्वर्ण जयंती

जेल में
आज़ादी की वर्षगांठ का
समारोह मनाया
क़ैदियों को
कविता सुनाने के लिए
मुझे भी बुलाया
मैंने उन्हें खूब हँसाया
पर, हँसाने का दुष्परिणाम
एक साल बाद आया

उस दिन बस में
चढ़ते ही
एक जेबकतरे ने
मेरी जेब पर हाथ मारा
मैंने उसका हाथ पकड़ा
और उसकी तरफ़ निहारा
मेरे घूरते ही
वो मुझे पहचान गया
और जेब भी खाली थी
शायद इसीलिए जान गया
कि ये तो कवि जी हैं
बोला - ' अरे! आप?

मुझे पहचाना, जेल में मिले थे'
इतना सुनते ही
मेरी तो जैसे साँस घुट गई
क्योंकि बस की
सारी सवारियों की निगाह
हम पर उठ गई
समय की बात
अगला हाथ जोड़कर
नमस्कार भी कर गया
और बोला 'उस दिन तो
आपको कुछ मिला नहीं होगा'
ये कहकर
कई तरह के पर्स
मेरे हाथ पर धर गया

उसने तो कवि के प्रति
अपनी भक्ति दिखा दी
पर उसके जाते ही
जनता ने तो तुरन्त जन-शक्ति दिखा दी

पूरे एक हफ़्ते तक रहा
अस्पताल में
स्वर्ण जयन्ती साल में।

चापलूस

एक लड़की ने कहा 'आइने को देखकर
कौन है जो सपनों की दुनिया में खोई नहीं'
सोच-सोच अपनी नज़र ने बताया उसे -
सुन्दरता चाँद ने भी ऐसी तो संजोई नहीं
कभी इस कोण से तो कभी उस कोण से वो
देख-देख स्वयं को रात-भर सोई नहीं
इसीलिए कहते हैं अनुभवी लोग सब
आइने से जोरदार चापलूस कोई नहीं

महंगाई

बूढ़ों ने बेकारी नहीं झेली उन्होंने तो गप्प
मारने की मस्ती को हमेशा सहेजा है
अपने से भारी बस्ते को ले के बढ़ते हैं
पढ़ते हैं हम ये तो हमारा ही भेजा है
बार-बार हमारी ही छाती पे सवार देखो
अंगरेजी नहीं है ये पूरा अंगरेजा है
ऐसी महंगाई में भी खा रहे हैं पी रहे हैं
जी रहे हैं हम, ये हमारा ही कलेजा है।

ग़लतफ़हमी

जंगल के चूहे सब भागते ही जा रहे थे
कहते ही जा रहे थे हाय-हाय देखिये
एक खरगोश बोला, 'श्रीमान चूहे सुनो
बात क्या है कुछ तो हमें बताय देखिये'
चूहे ने बताया 'हम पड़े हैं मुसीबत में
होगा अब राम जाने क्या उपाय देखिये
कल किसी बावले ने शेरनी को आंख मारी
और शक हम पे है अंधा न्याय देखिये।'

ऊपरी आमदनी

मध्यमवर्ग के मि. पिंगले
अपनी लड़की के लिए
लड़का देखने निकले
सबसे पहले घर में
लड़के के बाप ने बताया -
'लड़का एक्साइज़ में क्लर्क है
तनख्वाह तो पांच हज़ार है
पर ऊपरी आमदनी में बहुत दम है।'
दूसरे ने बताया -
'लड़का पुलिस में सिपाही है
वेतन तो तीन हज़ार है
पर छः हज़ार ऊपर की कमाई है'
तीसरे ने गर्व से बताया
'हमारे बिट्टू जी
इन्कम-टैक्स में नौकरी करते हैं
वेतन तो चार हज़ार है
पर आठ हज़ार ऊपर से पड़ते हैं'

अंत में वो जिसके घर गया
वहाँ लड़के के पिता ने बताया -
'ये मेरा लड़का है
मुझे अपने लड़के पर बहुत मान है

वेतन आठ हज़ार है
लड़का फौज में कप्तान है'
काफ़ी देर बात करने के बाद भी
जब लड़के को
ऊपरी आमदनी के बारे में
किसी ने कुछ नहीं बताया
तो लड़की के बाप ने अपना मुँह खोला
और सहमते हुए बोला -
'जी..... और ऊपर से
कितने रुपये पड़ जाते हैं'
सुनकर फौजी मुस्कराते हुए बोला -
'सर ......
हम अपनी मातृभूमि की
रक्षा के लिए लड़ते हैं
ऊपर से तो हमारे यहाँ
सिर्फ़ बम ही पड़ते हैं।'

मनोविज्ञान

नौ महीने से
कोई कविता ही
पैदा नहीं हो रही थी
मेरे भीतर के रचनाकार की
आत्मा रो रही थी
अचानक मुझे लगा
मेरा पाँव ही नहीं
भारी हो गया सारा शरीर
वही उल्टी, वही मतली, वही पीर
मेरी हालत पर तरस खा कर
पत्नी बोली -
'जब से कवितायें लिख रहे हो
मैं तो तभी से कह रही हूँ
किसी मनोचिकित्सक को दिखाओ
या छुट्टियां लेकर
आगरा, बरेली या राँची हो आओ'

पत्नी के काफ़ी समझाने के बाद
मैं एक मनोचिकित्सक के पास पहुँचा
उसे अपनी समस्या बताई
वो बोला -
'ये तो बहुत गम्भीर है भाई
ये लो काग़ज़ - पेंसिल

उस कोने में बैठ जाओ
जो मन में आये लिखते जाओ'
मैंने अभी
लिखना शुरू भी नहीं किया था
कि एक आदमी
हिनहिनाता हुआ अंदर आया
और बोला - 'डॉक्टर साहब
मुझे लगता है
मैं रेस का घोड़ा हो गया हूँ
जल्दी कोई दवा दो'
डॉक्टर तुरन्त बोला -
'यह लो तीन गोलियां
हर दो फर्लांग के बाद एक खा लो'

उसके जाते ही
एक नेताजी अंदर आये
और बिना पूछे ही कुर्सी पर बैठ गये
सन्तुष्ट होकर मुस्कराने लगे
और धीमे-धीमे
कुर्सी के हत्थे सहलाने लगे
फिर बोले - 'डॉक्टर जी,
रात भर कुर्सी मेरे सपने म़ें आती है
मुस्कराती है, इतराती है, शरमाती है
अपनी मोहक अदाओं से लुभाती है
फिर बड़े प्यार से मुझे बैठाती है
मुझे लगता है
मेरे हृदय की कली खिल गई
मैं जोर से चिल्लाता हूँ - मिलगई, मिलगई
इतने में ही पत्नी
झिंझोड़ते हुए पूछती है -
'मेरे होते हुए किसे ढूँढ़ रहे थे'
डॉक्टर बोला -

हुजूर, आप यहाँ से जाओ
मेरा दिमाग़ मत खाओ
खाने के लिए आपके पास बहुत कुछ है
मसलन देश
उसे शौक से चबाओ
यहाँ कुर्सी नहीं बंट रही
अगर कुर्सी चाहिए
तो हाई कमान के पास जाओ'

उसे समझा - बुझाकर
वापस भेजा ही था
कि तभी
हवा का तेज झोंका आया
एक मुर्दा
कफ़न ओढ़कर अंदर आया
डॉक्टर क्या मैं भी घबराया
मुर्दा बोला - 'डॉक्टर साहब
मुझे लगता है
जैसे मैं जिन्दा हूँ
मैं तो अपने मरने पर ही
शर्मिन्दा हूँ'
डॉक्टर घबराते हुए बोला -
जनाब! आप अपनी कब्र में जाओ
आप मरे कहाँ हैं
आप तो जिन्दा हैं
गनीमत तो यह है
कि हम आपको देखकर नहीं मरे
हम ही शर्मिन्दा हैं'

उसके जाते ही
एक नौजवान मुस्कराते हुए अन्दर आया
और बोला - 'डॉक्टर साहब

मुझे भ्रम है
जैसे मेरी नौकरी लग गई है'
डॉक्टर बोला - 'अरे,
तू किस खेत की मूली है
नौकरी भी कोई लौकी-भिण्डी है
जो तूने बाजार से ले ली है
क्या तुम्हारे ताऊ जी मंत्री हैं
या पिताजी
प्रधान मंत्री के संत्री हैं
बेटा, इस खुशफ़हमी में
कब तक जियेगा
तू पढ़ा-लिखा बेरोज़गार है
न जाने अभी कितने सालों तक
परिवार के घावों को
अपने आंसुओं से सियेगा
माना, तू सोना है, हीरा है
गुलाब का फूल है
लेकिन ऊँची जाति का है न
इसलिए मिट्टी की धूल है
बेटे यहाँ फूल नहीं
कांटे सहेजे जाते हैं
इस देश में शिव नहीं
शव ही पूजे जाते हैं
बेटे, अभी तो तू
रोज़गार समाचार ओढ़ेगा
रोज़गार समाचार बिछायेगा
रोज़गार समाचार ही खायेगा
और मुझे तो डर है
कहीं ऐसा न हो जाये
कि तू
रोज़गार समाचार के ढेर में खो जाये
और एक दिन
खुद एक समाचार हो जाये।'

तंदूर

किसी भ्रष्ट नेता की तरह
बड़ा-सा पेट
और छोटे-से मुँह पर झलकता
लालिमा का नूर
मैंने पूछा -
आपका परिचय हुज़ूर

वो बोला - 'मैं .... तंदूर
पंजाब से आया
और देखते ही देखते
समूचे देश पर छाया
तुम जानते हो ...
बड़ी सुपाच्य होती है तंदूरी रोटी
बहुत स्वादिष्ट होती है तंदूरी मुर्गे की बोटी
बड़ा लजीज़ होता है तंदूरी कबाब'
मैंने पूछा -
'और तंदूरी पत्नी का शबाब?'
यह सवाल सुनकर
वह भूल गया अपनी कहानी
उसकी आंखों में भर आया
करुणा का पानी
कुछ देर तो वो चुप रहा

फिर भर्राये गले से कहा -
'जब मैं पंजाब में था
तो सांझा चूल्हा था मेरा नाम
लेकिन अब ...... राजनीतिज्ञों ने
मुझे कर डाला बदनाम
पहले महिलायें
घर से आटा गूंथ कर लाती थीं
इकट्ठी होकर बतियाती थीं
मुझमें रोटियां पकाती थीं
और मुझे प्यार दे कर लौट जाती थीं

अब राजनीतिज्ञ आते हैं
साजिशें गूंथ कर लाते हैं
मुझमें अल्पसंख्यक .... बहुसंख्यक
अमीर-गरीब
अगड़े-पिछड़े वोटों की
रोटियां पकाते हैं
और मुझे कलंक देकर लौट जाते हैं
सांझे चूल्हे को
कलंकित करने में सभी साझेदार हैं
और इस अधजली लाश पर
अपने-अपने स्वार्थ की
रोटियां सेंकने को सभी बेक़रार हैं'

मैंने कहा - तुम्हारी तो विशेषता ही है
कि तुम में जो कुछ भी पकाया जाता है
उसके साथ तुम्हारा नाम जरूर आता है
जैसे - तंदूरी रोटी, तंदूरी मुर्गा
तंदूरी कबाब, तंदूरी परांठा
और ये बात सुन कर
तुम्हें ज़रूर लगेगी ठेस

पर सच है, इस कांड का नाम भी
चल निकला है - 'तंदूर मर्डर केस'
तुम्हारे भीतर
सिर्फ़ नैना की लाश ही नहीं डाली गई
साथ-साथ डाल दिए गए
सम्बन्ध, मूल्य, संवेदनायें
उद्देश्य, ममता और भावनायें

तंदूर में जो कुछ जलता है
वो सिर्फ़ धुआँ बनकर बाहर निकलता है
उस धुएँ की स्याही से
अखबार छप कर आता है
और कुछ दिनों बाद
शर्मनाक से शर्मनाक कांड
तंदूर में जल कर राख हो जाता है

असल में हमारा जमीर सो गया है
और सोने की चिड़िया कहलाने वाला देश
सिर्फ़ एक तंदूर हो गया है।

देश हमारा विश्व - विजेता

एक रात पुरुलिया की चौपाल पर
कुछ लोग हुक्का गुड़गुड़ा रहे थे
और हर घूँट के साथ
बातों का धुँआ उड़ा रहे थे
तभी धूं.... धूं की आवाज सुन
उन्होंने अपना-अपना सर ऊपर उठाया
तो एक चिल्लाया -
'देखो रे ..... डंकल आया ..... डंकल आया'
सभी जैसे सोते से जागे
और कुछ गिरता देख
खेतों की तरफ़ भागे
वहाँ पहुँच कर
एक ने उठाया हथगोला
तो दूसरा बोला -
'भई, ये डंकल तो बहुत ऊँची चीज़
हमने तो पहली बार देखे
इतने मोटे-मोटे बीज
भई, ये तो कुछ कमाल दिखायेगा
जब बीज इतना बड़ा है
तो फल कितना बड़ा आयेगा'
तभी तीसरा
खेत में पड़ी

स्टेनगन देख चिल्लाया
'अबे रफ़्तार देख
इसमें से तो पौधा भी निकल आया'
और न जाने
किस-किस ने क्या-क्या कहा होगा
उस रात
पुरुलिया में कुछ ऐसा ही दृश्य रहा होगा

सभी ने
देश की सुरक्षा पर प्रश्न-चिह्न लगाया
हथियार गिरे तो तूफ़ान सर पे उठाया
सब बता रहे हैं
सुरक्षा मजबूत करने के उपाय
पर मेरी है सबसे अलग राय
सब इसे समझते हैं
सुरक्षा - व्यवस्था की दुर्घटना
पर असल में
हमारी वीरता बताती है पुरुलिया की घटना

ये हथियार कोई पहली बार नहीं डाले गए
पाकिस्तानी तो हमेशा से ही
कायरता के हवाले थे
उन्नीस सौ इकहत्तर में
उनके नब्बे हज़ार सैनिकों ने हथियार डाले थे

हमारा देश तो
बिना बात ख़ौफ़ खा रहा है
पाकिस्तान तो
खरीदते - खरीदते मरा जा रहा है
और हमारे पास वैसे ही आ रहा है
धन्यवाद है उसका
जो कुछ दे कर ही जा रहा है

मैं तो पूरे विश्व से कहता हूँ कि आओ
और जितने हथियार डाल सको
हमारे यहाँ डाल जाओ
बस .... देश में ये इंतज़ाम हो जाये
कि वो हथियार
उग्रवादियों की जगह
हमारी फौज के काम आयें

मेरी तो प्रार्थना है
कि हे अमरीका तू इतना कर दे
कि पूरे पाकिस्तान को
हथियारों से भर दे
क्योंकि वो सब
पुरुलिया के जरिये हमारे ही पास आयेंगे
उनमें से कुछ हम अपनी फौज में बांट देंगे
और कुछ से विदेशी मुद्रा कमायेंगे

दुनिया से कर्जा ले-लेकर हमने
सबको आर्थिक रूप से कमजोर कर ही दिया
अब हम सबसे
मुफ़्त में हथियार भी पायेंगे
और देखते ही देखते
विश्व की सबसे बड़ी शक्ति कहलायेंगे
जब हथियारों का सबसे बड़ा ज़खीरा
हमारे पास हो जायेगा
तो कौन माई का लाल
हमसे कर्जा वापस मांगने की हिम्मत दिखायेगा

धन्य है पुरुलिया का वो षड्यंत्र
जिसने हमें दे दिया

विश्व की
सबसे बड़ी शक्ति बनने का गुरु-मंत्र
कितना उपकार कर रहे हैं
और देशी विमान खड़े-खड़े सड़ रहे हैं
हमें चाहिए
कि हम उनसे भी कुछ काम करवायें
और कुछ नहीं तो वो
हमारे भ्रष्ट नेताओं को ही
बंगाल की खाड़ी में फेंक आयें

जब सारे भ्रष्ट नेता नेस्तनाबूद हो जायेंगे
तो भारत - वासी मिल-जुल कर गायेंगे
देश हमारा विश्व - विजेता
इसमें नहीं एक भी नेता
कुछ भी नहीं है काला-काला
ख़त्म डायरी, ख़त्म हवाला
कोई नहीं कुछ लेता-देता
नैतिकता के हमीं प्रणेता
देश हमारा विश्व - विजेता।

चुप्प .... ये अंदर की बात है

हर नेता की साफ़ छवि है
कोई चन्द्रमा कोई रवि है
सभी सादगी से रहते हैं
औरों का दु:ख खुद सहते हैं
नहीं छीनते ये आज़ादी
सबके सब नैतिकतावादी
जातिवाद न भड़काते हैं
दंगे कभी न करवाते हैं
सब धर्मों का मान समझते
इंसां को इन्सान समझते
पाप का पैसा कभी न लेते
संसद में गाली न देते
मिल-जुल कर सब रहते भाई
कभी न करते हाथा-पाई
जनता के वास्तविक मित्र हैं
इनके तो आदर्श चरित्र हैं
कोठी, बंगले नहीं कार है
सबके सब ईमानदार हैं

जनता बोली - 'बस कर भाई
नेता यदि हैं नहीं कसाई
तो फिर भारत पे क्यूं इतनी

समस्याओं का वज्रपात है?'
हम बोले - 'चुप्प .....
ये अंदर की बात है'
अपने जीवन में बदहाली
औरों का जीवन खुशहाली
अपनी भरी जेल भी खाली
औरों की है पैसे वाली
यही दिखायी देता सब को
गाली देते रहते रब को
यूं ईर्ष्या से सभी ग्रस्त हैं
इसी सोच में लोग व्यस्त हैं
उसके बाल अभी तक काले
उसके घर में खूब उजाले
वो मस्ती की छान रहा है
सुख की चादर तान रहा है
उसके बागों में हरियाली
उसके पान में ज़्यादा लाली
चोर-चोर मौसेरे भाई
विद्वानों में टांग-खिंचाई
कवियों में आपसी जलन की
बड़ी भयानक दाद-खाज है
कोई कवि ज़्यादा जम जाये
तो कह दो चुटकुलेबाज़ है
कविता अपनी लेकिन पत्नी
दूजे की अच्छी लगती है
अपनी हिरनी लगती झोटी
या फिर सूखी-सूखी रोटी
क्यूं पड़ोसियों की थाली में
ज़्यादा दिखता दाल-भात है?
चुप्प .... ये अंदर की बात है

रोटी नहीं मयस्सर जिनको
भूख रोज़ लगती हैं उनको
सूनी पथरायी आंखों के
लिए स्वप्न भी स्वप्न हो गये
खूब चीखते सन्नाटों के
जंगल में सब गीत खो गये
सम्बन्धों के रेगिस्तानी
सागर में तूफ़ान मचलते
ज्यों अनाथ अरमान मचलते
बेकारी के अंतरिक्ष में
उपजाऊ धरती घायल है
दरबारों के कला जगत् में
बस व्यभिचारों की पायल है
देखो तो सामाजिक नभ में
अपराधों की खिली चांदनी
जो कलियों के लिए बनी थी
कीचड़ से जा मिली चांदनी
अजगर जैसे क्रूर अंधेरे
पसरे पड़े समय को घेरे
आम आदमी के जीवन में
देखो कितनी स्याह रात है
सूरज कहाँ पड़ा है गिरवी
चुप्प .... ये अंदर की बात है

सूरज गिरवी रखने वालो
ब्याज सहित फल पाओगे
जनता की आंखें जब होंगी
अंगारे, तुम जल जाओगे
तब हर जीवन के कण-कण में
फूल सुबह का खिलना ही है
तब उड़ान के हर सपने पे

आंखों को हक़ मिलना ही है
तब ये हरी-भरी खुशियों को
धरती गीत सुनायेगी
और हथेली हर इंसां की
नयी लकीरें पायेगी
जो शतरंजी चालें चलते
मिलने वाली उन्हें मात है
और ये अंदर की नहीं
ये बाहर की बात है।

पहले का ज़माना

पहले का इंसान
न हाथ में क़लम, न मुंह में जुबान
बच्चे खुद ने किए, दोषी भगवान।

पहले की नारी
कहने को श्रद्धा, सहने को लाचारी
बच्चे, रसोई और घूंघट की चार-दीवारी

पहले का गुरु
पढ़ाने के नाम पर सेवा करानी शुरू
अंगूठा कटवा कर झूमता था
तुरू - तुरू

पहले का चेला
दो अक्षर पढ़ के बनता था विद्वान अलबेला
स्कूल की कह के जाता,
देखता था मेला।

क्रिकेटेरिया

मेरे एक पड़ोसी हैं
नाम क्रिकेटास्कर
पत्नी का नाम-बाउंसर
क्रिकेट ही तन-मन-धन
घर का नाम-पैवेलियन

उनका क्रिकेटेरिया
किस तरह कुनबे को ढोता है
यह बच्चों के नाम से भी प्रकट होता है
पहले का नाम 'लैग-ब्रेक'
दूसरे का 'नो-बॉल'
और तीसरे का 'लेट-कट'

एक दिन हमने पूछा -
'हमने देखे बड़े-बड़े दीवानों के ताम-झाम
पर कभी
सुनने में नहीं आये बच्चों के ऐसे-ऐसे नाम'
वो लाला अमरनाथ की तरह
एक्सपर्ट कमेंट करते हुए बोले-
'यू नो!
उन दिनों किस्मत हमसे रूठी थी
'लेग-ब्रेक' तब पैदा हुआ

जब मेरी टांग टूटी थी
दूसरी न चाहते हुए भी
पैदा हो गई अगले ही साल
इसलिए उसका नाम रखा - 'नो बॉल'
और जब
बुढ़ापे में बाप बनने का स्वाद चख लिया
तो तीसरे का नाम 'लेट-कट' रख दिया

एक दिन वो श्रीनाथ की तरह
नथुने फुलाये
मेरे घर आये
अखबार का बाउंसर मेरे मुंह पे मारा
चयन समिति का गुस्सा मुझ पे उतारा
बोले - 'देख लो ...... देख लो
रोज़ घोटालों के फायर पे फायर
ये देश के नेता हैं या पाकिस्तानी अम्पायर'
मैंने कहा - 'छोड़ो नेताओं की दलदल
चलो हो जाये ड्रिंक्स इंटरवल
वो अजय जडेजा की तरह
फ़ौरन कुर्सी पे रपटे
फिर नाश्ते की प्लेट पर
अजहरुद्दीन की तरह झपटे
समोसे को मुँह में कैच करते हुए बोले
चटनी की तरह मन खट्टा हो रहा है
क्रिकेट हो या राजनीति
हर तरफ़ सट्टा हो रहा है
साम्प्रदायिकता
जिम्बाब्वे के हौंसलों की तरह बढ़ रही है
और महंगाई
शाहिद आफ़रीदी के रन रेट की तरह चढ़ रही है
भ्रष्टाचार में सचिन जैसा जोश है

और ईमानदारी
संजय मांजरेकर की तरह खामोश है
कानून कुम्बले की तरह घायल पड़ा है
जातिवाद अम्पायर की उंगली-सा खड़ा है
देश के कर्णधार ही देश को
रन-आउट कराने पर अड़े हैं
विवशताओं के फील्डर
कैच करने के लिए घेरे खड़े हैं
देश झेल रहा है लगातार
चारों तरफ़ से
बुराइयों की गेंदों का प्रहार
कभी आतंकवादियों का इन-स्विंगर
कभी दलालों का आउट-स्विंगर
कभी अमरीका का यॉर्कर
कभी अपराधों का बाउंसर
कभी पिच पे तोड़-फोड़ के क्रैक
कभी पाक और चीन का डबल स्पिन अटैक
कभी जयचन्दों की चुगली
कभी सफ़ेदपोश देशद्रोहियों की गुगली

आज़ादी के बाद
खूब चौके-छक्के उड़ाते रहे भ्रष्टाचारी
मैदान की हरियाली चरते रहे अत्याचारी
देश ने तो बस
आंसू पिये और ज़ख़्म खाये
पचास साल बीत गये
पर अभी तक हम
अच्छाइयों के
अर्द्धशतक तक भी नहीं पहुँच पाये।

एक शरारती कविता

विद्यालय के सामने
सड़क के किनारे
एक बोर्ड लगा है
जिस पर लिखा है-
'कृपया गाड़ी धीरे चलायें
कहीं बच्चे कुचल न जायें'

एक शरारती बच्चे ने
नीचे लिख दिया -
'अध्यापक बचने न पायें।'

राष्ट्रीय शोक

यमराज ने नेता जी को
जैसे ही नरक का फैसला सुनाया
नेता बौखलाया -
'तुम्हारे फ़ैसले का बेड़ा गरक
अरे, मुझसे पहले जो ऐरे-गैरे आये
उन्हें स्वर्ग
और मुझ जैसे समाज-सेवी को नरक
अबे, आंखें हों तो नीचे देख
सब जगह
राष्ट्रीय शोक हो गया है
झण्डे झुक गये हैं
और देश दुःख के सागर में
खो गया है।'

यमराज बोला -
'अबे रहने दे, रहने दे गंवार
पहले अपनी आंखों से
माला, माइक, चमचे
और किराये की तालियों के चश्मे उतार
फिर नंगी आंखों से राष्ट्रीय शोक निहार
पूरा देश
मातमी धुन का मज़ाक उड़ा रहा है

सब के रेडियो बंद हैं
पर टेप-रिकॉर्डर फ़िल्मी गीत गा रहा है
प्रेमिका, प्रेमी के साथ
पिकनिक जाने के लिए मचल रही है
केबल पर नई मस्त फिल्म चल रही है
किराये पर आये कुछ निरीह लोग
तेरी शोक-सभा झेल रहे हैं
उधर देख
बच्चे तेरे शोक में कंचे
और बूढ़े ताश खेल रहे हैं
तेरे शोक में तेरा बड़ा बेटा
टिकट का जुगाड़ भिड़ा रहा है
छोटा जायदाद का
हिसाब लगा रहा है
मंझले ने तेरे लॉकर की
चाबी पर कस रखी है मुट्ठी
ध्यान से देख
लोग शोक मना रहे हैं या छुट्टी

मैं तो ऊपर के कानून का ताबेदार हूँ
बेबस हूँ .... लाचार हूँ ....
असल में
न्याय की तो तभी जलती ज्योति
जब मेरे पास
नरक से भी बुरी जगह होती।'

कवयित्री का विवाह

एक कवयित्री का हुआ विवाह
फेरों के समय
पण्डित जी ने कहा -
'सात वचन भरो'
सुनते ही बोली दुल्हन
कुछ नहीं वचन - वचन
मैं तो सात कवितायें सुनाऊंगी
और दूल्हे ने
यदि वाह-वाह नहीं की
तो फेरों के बीच में ही उठ जाऊंगी।

सरकारी बाबू

एक सरकारी दफ़्तर के बाबू से
हमने पूछा - 'आप समर्थक हैं
आख़िर किस व्यवस्था के'
वो बोले - 'अर्थव्यवस्था के'
मैंने कहा - 'शायद मेरा प्रश्न
समझ में नहीं आया आप को
मेरा मतलब आप किसे पसन्द करते हैं

पूंजीवाद को या समाजवाद को'
वो बोले - 'भैया, हम तो यू.पी. के रहने वाले हैं
और पसन्द करते हैं गाज़ियाबाद को'
फिर भी आप पूछ रहे हैं तो
महीने की
पहली तारीख़ से दस तारीख़ तक
हम होते हैं पूंजीपति
दस से बीस तारीख़ तक
हमारा दृष्टिकोण समाजवादी होता है
बीस से पच्चीस तक
हम साम्यवादी हो जाते हैं
और उसके बाद, जब हम ही नहीं
हमारे बच्चे भी भूखे सोते हैं
और हम पैसे के मामले में
पूरी तरह से टाइट होते हैं
तो कसम से, उन दिनों
हम पूरे नक्सलाइट होते हैं।

मज़ा आ गया यार

कवि-सम्मेलन के समाप्त होने पर
रात के दो बजे
मैं अपने घर की ओर जा रहा था
दिन-भर की थकान से थकी
सुनसान सड़क पर
सामने से एक पुलिसमैन आ रहा था

मिलते ही नज़रें
वो मुझे देख कर हँसा
और मैं उसे देख कर घबराया
वो इसलिए हँसा
कि सुबह-सुबह अच्छा मुर्गा फंसा
और मैं इसलिए घबराया
कि मंगलवार के दिन
यह शनिचर कहां से आ टकराया

जैसे ही उसने
अपनी मूंछों पर दो मरोड़ दिये
मैंने अपने दोनों हाथ जोड़ दिये
फिर कहा -
'हे! कोमलांगियों के शील के रक्षक
नेताओं के अंग के रक्षक
आप महान हो
आपको मेरा प्रणाम हो'
सिपाही अपनी प्रशंसा सुन कर

फूला नहीं समाया
उसने अपनी मरणासन्न बीड़ी में
अन्तिम कश लगाया
फिर मुर्गी फँसाऊ
पुलिसिया अदा में बोला -
'ठीक है ..... ठीक है .....
मेरी बड़ाई की बातें करके
ज़्यादा होशियारी मत जता
अपना नाम-पता बता'
मैंने कहा -
'मेरा नाम - बलात्कार
पिता का नाम - भ्रष्टाचार
माँ का नाम -महंगाई
गाँव - राजधानी दिल्ली
मोहल्ला - छल
मकान नं. - राजनीतिक दल।'

वो बोला -
'यह तुम अपना पता बता रहे हो
या मुझे
भारत का नक्शा दिखा रहे हो'
मैंने कहा - 'नक्शा ही दिखा रहा हूँ
और तुम्हें इसलिए बता रहा हूँ
कि तुम देश के सिपाही हो
सिपाही का मतलब जानते हो?'
सिपाही ने आंखें तरेर कर कहा -
'हाँ! जानता हूँ'
मैंने कहा - 'जानते हो तो फिर ये
गुण्डागर्दी क्यों बढ़ रही है?'
सिपाही हँसकर बोला -
'यार, आदमी तुम मज़ेदार हो
चलते-फिरते दैनिक अख़बार हो
अफवाहों के सहारे खड़े हो
पर एक बात बताओ
तुम बेचारी पुलिस के पीछे क्यों पड़े हो
ये सज्जन पुलिस वाले
किसी का क्या बिगाड़ते हैं?'
मैंने कहा - 'पुलिस और सज्जन!
भेड़िया और शाकाहारी!!
आपकी वर्दी से
सज्जनता की कैसी सुगंध आ रही है
पर श्रीमान जी! आपको यह जेब
गर्भवती महिला के पेट-सी
क्यों फूलती जा रही है?'
उन्होंने फरमाया
एक बच्चे की तरह मुझे समझाया -
'फूलना अर्थात् फैलना
विकास का सूचक है
गर्भवती महिला का पेट दर्शाता है
जनसंख्या के विकास को

लाला का पेट
मिलावट के विकास को
देखते नहीं
सारा देश फूल रहा है
लेकिन मेरी जेब देख कर
आपका दम क्यों फूल रहा है?'
मैंने कहा - 'नाराज़ मत होइये
ज़रा मुस्कराइये
मुझे एक बात और बताइये
आपकी वर्दी का रंग खाकी क्यों है?'
वो बोला -
'सब कुछ ख़ाक में मिलाने के लिए।'

मैंने कहा - 'वाह! ख़ाकेश जी
अमावस्या के राकेश जी
आप वाकई महान हैं
पर सुना है
बलात्कार के पुण्य कार्य में
आपका बहुत योगदान है।'
वो बोला - 'बलात्कार।
यह क्या बला है?'
मैंने कहा - 'ये
खूनी भेड़ियों के
मनोरंजन की एक कला है
जिसमें तुम लोगों का
बहुत बड़ा हाथ है।'
सिपाही ने अकड़ कर कहा -
'हाथ है तो है
कर ले हमारा क्या करेगा!
साला, हमारे बलात्कार को
देख कर रो रहा है
अबे बलात्कार के बच्चे
इस देश में, आज़ादी के बाद से

बलात्कार के सिवाय
और क्या हो रहा है?

वहाँ देख
जज का क़ायदों से
नेता का वायदों से,
नारों से, आश्वासनों से
जनता का सरकार से
सरकार का जनता से
देश से
और यहाँ तक कि
बलात्कार से बलात्कार हो रहा है
उन्हें तू कुछ नहीं कहता
महिलाओं को बीच में घसीट रहा है
मुझे छेड़-छेड़ कर उकसायेगा
एक और बलात्कार करवायेगा
अच्छा ..... अब बहुत देर हो गयी
तू कुछ न कुछ पूछे जा रहा है
इतनी रात गये
तू कहाँ से क्या करके आ रहा है?'

मैंने कहा - 'भाई साहब
मैं भी आपकी तरह शरीफ़ आदमी हूँ
मैं शब्दों के साथ
बलात्कार करके आ रहा हूँ
मैं ही नहीं
वहाँ अधिकांश लेखनियाँ
यही काम कर रही थीं
और जनता!
उसके चेहरे पर
न कोई दु:ख था न चीत्कार
सब दाद देते हुए कह रहे थे -
'मज़ा आ गया यार, मज़ा आ गया यार।'

पत्नी या अखबार

एक दिन सुबह-सुबह
मूड ऑफ हो गया हमारा
क्योंकि पत्नी ने
उठते ही ताना मारा -
'दुनिया भर पर कवितायें लिखते हो
मुझ पर एक भी नहीं लिखी'
क्या मैं तुम्हें
कविता के लायक भी नहीं दिखी'
मैंने कहा - 'बस
इतनी सी बात
अभी लिख देता हाथों - हाथ
इतना कहकर मैंने
उसका गुस्सैल चेहरा
अपनी तरफ़ घुमाया
और डरते-डरते फरमाया-
'मेरे भयानक सपने
तुम्हारा मुँह
फूला हुआ रहता है हरदम
अंदर छिपा रखा है
क्या ट्रांजिस्टर - बम
कश्मीर समस्या से भी लम्बे

तुम्हारे काले-काले बाल
दंगों में बहे खून से
लाल - लाल गाल
हरियाणा और पंजाब-सी
भौंहों के बीच
चण्डीगढ़-सी बिन्दिया
नेताओं के वक्तव्यों-सी
उठती - गिरती पलकें
नाराज़ आंखों में से
आग अब छलके ही छलके,
पाकिस्तान के
परमाणु-बम से भी
खतरनाक है तुम्हारी आवाज़
हम क्या, पड़ोसी क्या
अमरीका भी नाराज़
जलते अंगारे - से होंठ
बोलो तो विस्फोट
न बोलो तो विस्फोट
चुनावों में रम गया है
जैसे जनता का दिल
वैसे ही थमा है
तुम्हारी ठोड़ी पर ये काला तिल
समस्या-सी गर्दन पर
प्रश्न - चिह्न सा हार
तुम्हीं में दिखता है
समूचा अखबार।

माइक बोला

नेता जी ने
माइक को जैसे ही हाथ लगाया
माइक हिला
और मंच के दूसरी तरफ़ चला आया
नेता जी परेशान
माइक में कहाँ से आ गई जान

वो तमतमाये -
'अबे, माइक के बच्चे इधर आ'
माइक बोला - 'नहीं आता, जा'
नेता जी बोले -
'मुझी से बदतमीजी करता है
जानता नहीं, तेरे मालिक का पेट
मेरी कृपा से भरता है'
माइक झल्लाया -
'फिर मेरे पीछे क्यों पड़ा है
अपने सामने उसे ही खड़ा कर ले ना
वो नीचे खड़ा है'
नेता सकपकाया
माइक जनता की तरफ़
मुड़ के चिल्लाया -
'देखो..... इसका भी कैसा सर फिरा

इतना भी नहीं जानता
सांस की बदबू से मज़ा किरकिरा
भाषण झाड़ते हुए
इसके मुँह से इतना थूक झड़ता है
वो सारा मेरे ही मुँह पर पड़ता है
खुद तो मुँह तक नहीं धोता
पर मुझे इसके चक्कर में
रोज़ नहाना पड़ता है।'

नेता को गुस्सा चढ़ा
वो दांत पीसता हुआ
माइक की तरफ़ बढ़ा
माइक बोला - 'खबरदार! वहीं रह
नेतागिरी का सारा नशा उतार दूंगा
हाथ लगाने की कोशिश भी की
तो पूरे चार सौ चालीस
मेगावाट का करंट मार दूंगा
नेता जी तत्काल चुनावी-मुद्रा में आये
माइक के आगे हाथ जोड़ के घिघियाये -
'मेरे बाप!
मंजन तो मैंने पचास साल से नहीं किया
पर बदबू और थूक तुझे आज ही दिखाई दिया
अब असन्तुष्टों जैसी ड्रामेबाज़ी छोड़
और मेरी पी.ए. की तरह हसीन
अपना मुखड़ा मेरी तरफ़ मोड़'
माइक बोला -
'बस बहुत अत्याचार हो गया
तुझे सहते-सहते
मेरा तार, तार-तार हो गया
अब और चुप नहीं रहूंगा
आज तो तू सुनेगा और मैं कहूंगा

बहनो और भाइयो
क्या सुनाऊं अपनी आपबीती
इसने खेली है
क़दम-क़दम पे लाशों की राजनीति
सूखी आंखों को झूठे सपने दिखाये
पता नहीं कितनी नहरें
कितनी सड़कें, कितने बांध, कितने पुल पचाये
नौजवानों को दिया
बेरोजगारी का रेगिस्तान
मीलों तक फैली
भूख, प्यास, टूटन और थकान
गरीबी हटानी थी, गरीब हटाये
नंगे ढांचों पर खुशहाली के पोस्टर चिपकाए
इसने मेरे माध्यम से फैलाया
जातिवाद का ज़हर
साम्प्रदायिक दंगों का क़हर
भाषाओं का घमासान
पूरा मुल्क बना डाला श्मशान

और जनता यानी तुमने
तुमने तो बस यही जवाँमर्दी दिखाई
कि इसकी एक-एक बात पर
कई-कई बार तालियां बजाई
काश!
तुम्हारा हौंसला आगे आता
इसे इसकी औक़ात बताता
अगर तुम
अपने देश को अपने हाथों से बनाते
तो मैं ही नहीं
ये कुर्सियां, ये चादर, ये तकिये
सभी खुश हो कर
ज़िन्दगी भर तालियां बजाते।

एक प्रेम कविता

एक लड़की
पंत की कविताओं - सी कोमल कुन्तल बिखराती
पद्‌माकर के छंदों के अनुप्रास - सी इतराती
बिहारी के दोहों के
श्लेष और यमक - सी कँटीली-छबीली
रसखान के सवैयों - सी रसीली
जायसी के पद्‌मावत का प्रेम-ज्ञान पिये
प्रसाद की कामयानी का सौन्दर्य-बोध लिये
चेहरे पर
दिनकर की उर्वशी - सा तेज
और विद्यापति की राधा के
नख-शिख सौन्दर्य को अपने में सहेज
रोडवेज़ की बस में चढ़ी
अचानक ब्रेक लगी
और एक लड़के की गोद में जा पड़ी
लड़के को इतना आया स्वाद
कि वो ज़ोर से चिल्लाया
'ड्राइवर साब .... धन्यवाद'

लड़की बोली -
'फालतू मत चिल्लाओ, उधर को सरको
अजीब बेवकूफ है
रै.... तेरे ऊपर गिरी मैं
और धन्यवाद ड्राइवर को !'
प्रेम के इतिहास में

यहाँ से शुरू हुई एक नयी ख़ुराफ़ात
ये थी
हमारे हीरो-हीरोइन की पहली मुलाक़ात

दोनों के दिन थे खेलने - खाणे के
और
ऊपर से दोनों हरियाणे के
दोनों के नैन मिले
कमल के दो फूल - से खिले
नैन मिलते ही मुँह खुले
और बातचीत का सिलसिला निकल पड़ा
बस तो डिपो में खड़ी हो गई
और उनका प्रेम चल पड़ा

नये-नये अनुराग में
और जवानी की आग में
एक दिन दोनों बैठे थे
गांव से दूर एक बाग में

लड़का बोला 'दिक्खै
ये जो तेरी
झोड़ सी गहरी-गहरी आंख सैं ना
जी करै सै इन मैं डूब ज्याओ
पर मैं के करूँ
मन्नै तो बापू से पहले ही कही थी
मन्नै तैरणा मत सिखाओ
तैरणा तो एक बला सै
तेरी आँख देख कै पता चला
अक् डूबणा भी एक कला सै
मावस की रात जिसे तेरे गाल
अर पूरणमासी की चांदणी बखेरते
तेरे बाल'
लड़की बोली -
'रै क्यों अकास में पां धर रह्या सै
बाल की जगह गाल
और गाल की जगह बाल कर रह्या सै !'
लड़का बोला -
'रै, मैं के करां
तेरी सुन्दरता देख के इतना फूल गया
कि उपमाओं का नम्बर ही भूल ग्या
ख़ैर .....
हुक्के की चिलम मैं धरे
जलते अंगारे - से होंठ,
बोल्लैं तो विस्फोट
ना बोल्लैं तो कालजे में चोट'
लड़की बोली - 'इन बातों में तो
कोई भी खो सकै सै
इतना मीठा मत बोल
मेरै सूगर भी हो सकै सै
तेरी बात इसी
जिसी मिठाइयां में कलाकन्द सै
सूगर-वूगर की तो देखी ज्यागी

तू इसी बात करता रह्या कर
मन्नै मीठा बहुत पसन्द सै'

और कवियों के प्रेमी-प्रेमिका
बैठते होंगे सागर - किनारे रेत में
हमारे तो हरियाणे के थे
इसलिए बैठे थे गन्ने के खेत में -
प्रेमी बोला -
'आज तो जी करै सै
मैं भी थोड़ा झूम लूं
तू हां भरै तो तन्नै चूम लूं'
उसने यही सवाल पूछा
आठ-दस बार
पर बेकार
प्रेमी गुस्से में बोला ' बहरी सै के?'
प्रेमिका बोली -
'तू मेरे ऊपर गुस्सा क्यूं तार रह्या सै
मैं तो बहरी कोन्या
पर तेरै के लकवा मार रह्या से !'
खेत में
जब उनके विचार हो गये रंगीले से
तो उन्होंने अपने आप को रोका
और बोले -
अब यहाँ नहीं मिलेंगे
कल से मिलेंगे टीले पे।

अगले दिन लाठी खड़खड़ाता हुआ
प्रेमी आया लंगड़ाता हुआ
प्रेमिका देख कर मुस्कराई
बोली - 'आज तो बहुत लहरा रहा सै
मन्नै लगै माँ से
म्हारे ब्याह की बात कर कै आ रहा सै'
प्रेमी बोला-'हां मन्नै माँ बात करी थी

पर के करूं ! माँ ने बापू से बात कर ली
बापू ने
दो-तीन पहलवानों से बात कर ली
और उन्होंने दस मिनट में मेरी ये हालत कर दी
कि माँ ने ये लाठी मेरे हाथ में धर दी
मन्नै लगै
यही गुल तेरे घर में भी खिलेंगे'
प्रेमिका बोली-'फेर तो टीला भी छोड़
अगली बार अस्पताल में ही मिलेंगे
क्योंकि मेरा भाई भी तेरे तै बात करेगा।'
प्रेम कथा और परवान चढ़ी
कुछ इस तरह से आगे बढ़ी
प्लास्टर चढ़े थे पांव पे पट्टी ललाट पे
दोनों पड़े थे अस्पताल की टूटी खाट पे

आगे के दृश्य
घनघोर प्रेम से भरपूर रहे थे
एक-एक आंख पे पट्टी बंधी थी
फिर भी एक-दूसरे को घूर रहे थे

तभी आ धमके
दोनों के माँ-बाप-रिश्तेदार
बोले-'मान्नोगे नहीं
ईब भी कर रहे हो आँख चार !'
प्रेमी बोला - 'किस ख्याल में गुम हो
चार कहाँ ! ईब तो रह रही हैं दो'
माँ बोली -
'ये तो ना मान्नैं, तम ही मान जाओ
ये तो पता नहीं के कर ज्यांगे
जो इब भी बाज नहीं आ रहे
इन्हें दूर मत करो, ये बालक मर ज्यांगे'
लड़की के रिश्तेदार बोले -
'ये कलेश फटाफट निपटाओ

चलो बाहर नै आओ
खत्म करैं इनका राग
बाहर चौकीदार ताप रह्या सै आग
इन दोनुओं के वहीं फेरे करवाओ
हम अपणी छोरी नै ठा रहे सैं
थम अपणा छोरा ठाओ'

अब उनकी शादी का
आँखों देखा हाल दिखाता हूँ
फेरे किस तरह पड़े, ये बताता हूँ
ध्यान से सुनो कहानी उस रोज़ की
दोनों के मामाओं ने
पकड़ रखी थी बोतल ग्लूकोज़ की
औरतें सनीचर के दिन
मंगल-गीत गाने के लिए हो गईं इकट्ठी
गठजोड़ की जगह
आपस में बाँध दी दोनों की पट्टी
चौकीदार दूर खड़ा
ठंड से कांपता हुआ बड़बड़ा रहा था
और एक रिश्तेदार
बड़बड़ाहट के बीच-बीच में
स्वाहा बोलता जा रहा था
दूल्हा-दुल्हन भी बिल्कुल नहीं शरमाये
दोनों एक-एक टांग से फेरे ले रहे थे
इसलिए सात की जगह चौदह चक्कर लगाये

इस तरह दोनों की
ज़िंदगी - भर की जेल हो गई
और ये प्रेम कहानी भी
अन्य प्रेम कहानियों की तरह फेल हो गई।

न्याय

कचहरी में सिपाही ने
अपराधी की तरफ़ इशारा करते हुए कहा -
'मी लार्ड, ये रात को
शराब पीकर दंगा मचा रहा था
जेब से चाकू निकाल
सब को डरा रहा था
इसकी जेब से बरामद
ये चाकू लीजिए
और इसे फ़ौरन
कड़े से कड़ा दंड दीजिए'

मजिस्ट्रेट ने अपराधी को
ऊपर से नीचे तक ताड़ा
फिर सिपाही को लताड़ा
'तुम अपना दिमाग़
कहाँ छोड़ आते हो
आदमी जो सिर्फ़ लंगोटी में है
उसी की जेब में चाकू दिखाते हो?'

आलोचक

कवि और कवयित्री के
विवाह का परिणाम
होगा क्या?

यही कि दोनों
लड़-झगड़ कर
एक आलोचक
करेंगे पैदा।

मंत्री का प्रेम-प्रदर्शन

केन्द्रीय मंत्री की
कुर्सी से भी प्यारी
मेरी राम दुलारी!
ऐसे मत देखो
बहुत कँटीले लग रहे हैं
तुम्हारे दोनों नयन
इन्हें देख ऐसा लगता है
जैसे पूरे यौवन पर हों
संसद के दोनों सदन
आज तो ऐसे मुस्करा रही हो
जैसे मेरी धांधली का सबूत मिलने पर
किसी दैनिक पत्र का
सम्पादक मुस्कराता है

कल तू विरोधी सांसद से
बहुत हँस-हँस के बात कर रही थी
क्या दल बदलने का इरादा है
ऐसा मत करना
मैं तुम्हारे लिए
अपना घर भी छोड़ सकता हूँ
तुम कहो तो मैं
आसमान के तारों की जगह

विरोधी दल के एम. पी. भी तोड़ सकता हूँ
फ़रहाद की तरह
मैं तुम्हारे लिए
नहर भी खुदवा सकता हूँ
पर शर्त यह है कि वो
काग़जों पर ही खुदेगी

मजनूं भटका था
गली-गली, वन-उपवन
मैं तो उससे भी आगे बढ़ सकता हूँ
तुम चाहो तो तुम्हारे लिए
पूरे देश की पद-यात्रा कर सकता हूँ

अब रूठना-मनाना छोड़ो
आओ मेरे गले से लग जाओ
मैं तुम्हारी मांग
अपने वायदों, आश्वासनों से भरूंगा
अगर तुम नहीं मानी
तो यहीं बैठ कर सत्याग्रह करूंगा।

यदि ये संपादक होते

जज

दस साल पूर्व
जो रचना
आपने भिजवाई
वह आज ही
मेरे सामने आई
आप तुरन्त चले आइये
और रचना की
मौलिकता सिद्ध करने के लिए
पाँच गवाह
अपने साथ लाइये।

डॉक्टर

आपका पत्र पढ़ा
मुझे लगा
कि आप बहुत दुखी हैं
आपकी क़लम हारी है
आपको शायद
छपास की बीमारी है
उपचार के लिए
रचना छाप दी है
और पारिश्रमिक में से
कन्सटल्टेशन फ़ीस काट ली है

प्रिंसिपल

रचनायें भेजिए
अच्छी तरह जांच होने के बाद
अंक लगेंगे
हाँ, पास होने पर ही
अंक में छपेंगे
नकल की हुई रचनायें
हम नहीं स्वीकारेंगे
और पारिश्रमिक के रूप में
बस सर्टिफिकेट देंगे।

पोस्टमास्टर

आप तो
तुरन्त छपवाने पर तुले हैं

अभी तो रचनाओं के
पिछले साल वाले पार्सल भी
नहीं खुले हैं।

नेता जी

आपकी रचना के लिए
आपको दुगनी राशि मिलेगी
लेकिन रचना
हमारे
किसी चमचे के नाम से छपेगी।

पहलवान

घटिया और अश्लील शब्दों का
प्रयोग करके
साला फाउल कर रहा है
किसी दिन
कार्यालय में आ
फ्री-स्टाइल समझा दूंगा
चौथी मंज़िल से
रचनायें तो फेंक ही दी हैं
तुझे भी फेंक दूंगा।

परिवार नियोजन अधिकारी

आप रचनायें भेज सकते हैं
चाहे एक हज़ार दस
लेकिन प्रकाशित होंगी
दो या तीन बस।

रजत - जयन्ती

शादी के
पच्चीस वर्ष बीतने पर
रजत - जयन्ती मनाने का
सुझाव देते हुए
झगड़ालू पत्नी ने
पति से फ़रमाइश की -
'आज तो मुझे
बाज़ार ले चलो
और सुन्दर-सुन्दर
पच्चीस साड़ियां दिलवाओ ....

पति बोला -
'नहीं, मैं तो यहीं
पच्चीस मिनट तक
मौन अवस्था में
बैठ कर दिखाऊंगा
और पच्चीस वर्ष पहले
हुई भूल पर
आँसू बहाऊंगा।'

नुमाइश

तमाम
सफ़ेद कबूतरों को उड़ाना
प्रमाण है -
उनके सफ़ेदपोश होने का

और गुब्बारों का
एक नया आसमान बनाना
एक नई उड़ान होगी -
आशाओं और आशंकाओं के बीच
त्रिशंकु बनी
उम्मीदों के लिए

उम्मीदें
एक बार फिर उड़ेंगीं
राजपथ से
और फिर क़त्ल होंगी
टोपियों की नोंक से

हरित - क्रांति की झांकी लुढ़केगी
बड़ी चहल - पहल में
सब देखेंगे -
मूंगफली चबाते हुए

घी की कमी को छुपाते हुए,
कुछ विदेशी देखेंगे -
नए रेयान से बुनता कपड़ा
तरक्की का एक मजबूत स्तम्भ
जिसे बुना है
काली देह के नंगे लोगों ने

सैनिकों की टुकड़ियाँ
सलामी देंगीं
तोपों की गरज में,
सीमा पर मिटे सिंदूर को ढकेगा
वीरता का एक प्रमाण - पत्र
यह एहसान लदेगा
संगीनों के पहरे में
डरते हैं
कहीं कोई बच्चा कह न दे -
मुझे मेरा बाप चाहिए

कब ख़त्म होगी यह नुमाइश
आख़िरकार
कब ख़त्म होगी यह नुमाइश

यह राजपथ कब पहुँचेगा
संसद-भवन से एक झोंपड़ी तक?

तुले सो बिकाऊ

'गोबर की शॉर्टेज है
गोबर बाहर से मंगायेंगे'
नेताजी को जैसे ही पता लगा
वो बोले -
'इस बार तो हम खुद को
गोबर से ही तुलवायेंगे'

एक पलड़े में नेता जी
दूसरे में गोबर
सीन था बड़ा धाँसू
पास खड़ी भैंस की आंखों में थे आँसू
गोबर रह-रह कर बह रहा था
भैंस का दिल कह रहा था -
'क्या मैंने इसी दिन के लिए खाया-पिया था?'
गोबर था कि पलड़े में
रुकने को तैयार नहीं
और नेता जी उठने को तैयार नहीं
चमचे ने कहा -
'ज़्यादा नहीं, बस दो किलो ही
एक बार में और चढ़ जाये
तो पूरा पड़ जाये'
भीड़ में से एक चिल्लाया -
'बस! दो किलो कम है

तो क्या ग़म है
ये समस्या कौन-सी भयंकर है
दो किलो गोबर तो
नेताजी की खोपड़ी के अंदर है'
दूसरा बोला -
'ये गोबर वाला पलड़ा झुकता क्यों नहीं
आखिर गोबर इसमें रुकता क्यों नहीं'

अब की बार गोबर से आवाज़ आई
'ज़रा दिमाग से काम लो भाई
खेतों में रहना ही मेरी शान है
नेता के साथ तोलना मेरा सरासर अपमान है
मैं चूल्हे में रहूँ तो पकाता हूँ खाना
और इनका काम है
जलते चूल्हों को बुझाना
मुझे अगर आंगन में लीप दिया जाये
तो वो देता है खुशबू
और ये फूलों में भी जायें
तो बदबू ही बदबू

बसन्त आये तो मैं सरसों बन गाता हूँ
बैसाख में गेहूँ बन के लहलहाता हूँ
कभी मैं फूल बन के मुस्कराता हूँ
कभी गन्ना बन के मिठास उगाता हूँ
और इस तरह
गोबर से गुड़ हो जाता हूँ
इसके साथ तुल के
मैं गुड़ से गोबर हो गया
इसके चक्कर में
सारा गुड़-गोबर हो गया'
जनता के भाग्य तो

आज़ादी की लड़ाई में ही खुले थे
आप ही बताइये
क्या महात्मा गांधी जैसे नेता
कभी किसी चीज़ से तुले थे
अब तो
भारत का भाग्य जाने कहाँ सोता है
सीधी-सी बात है
जो तुलता है, वो बिकाऊ होता है

हमें ऐसा नेता चाहिए
जो जनता के सपनों में घुल सके
ऐसा नहीं चाहिए
जो सोने - चाँदी,
रुपये - पैसे, आलू - प्याज से तुल सके

कई भ्रष्ट नेता तो
गुण्डागर्दी, झूठ और बेईमानी का
इतना बोझ ले कर
पलड़े में बैठ जाते हैं
कि समूचे देश की शराफ़त,
सच्चाई और ईमानदारी जैसे समस्त गुण
हलके पड़ जाते हैं

चलते-चलते एक प्यारी-सी बात बुन दूँ
अगर नेता इसी तरह
तरह-तरह की चीज़ों से तुलते रहे
तो मेरी बड़ी इच्छा है
कि कोई नेता रूई से तुले
और मैं उसे अच्छी तरह धुन दूँ।

उत्पादन वर्ष

हम हर वर्ष
वर्ष को देते हैं एक नाम
उपलब्धियों के नाम पर
टकराते हैं जाम
आओ
ज़रा विश्व सहायता कोश से
कुछ ऋण मांग लायें
और इस बार
उत्पादन वर्ष मनायें

वर्ष - दर - वर्ष
तमाश फोकट का है
इस तमाशे के टिकट
हर प्रांत, हर गली, हर नुक्कड़ पे
फोकट में मिलते हैं
ये तो विरोधी प्रोपेगंडा है
कि-कीमत हम सब
किसी न किसी रूप में
अवश्य भरते हैं
कभी किसी ट्रस्ट में
कभी चैरिटी के बहाने
कभी दंगों की होली-दिवाली

मैं जानता हूँ
साँप की तरह
वर्ष और लोकतन्त्र के भी
कान नहीं होते

लेकिन तीनों नाचते हैं
घोषणा की बीन पर

पिटारे का रंग
या तमाशे की जगह बदलने से
साँप स्वतन्त्र नहीं होता

तमाशे के बाद
बरसते हैं
सिक्के और वोट
अक्लमंद बाज़ीगर
बस धुन बदलता है

साँप पूंछ पर नाचता है
जनता घोषणा पर
और बाज़ीगर
इन्हें नाचता देख नाचता है

वर्ष गुज़र जाता है
तमाशा ख़त्म हो जाता है
बीन की धुन
फिर से बदल जाती है
फैली हथेलियाँ
हथेलियों से टकरा
तालियों में तब्दील हो जाती हैं

सब जानते हैं
अब फिर फ़क़त एक बुलबुला
पानी में उठेगा
और सतह पर आकर
फूट जायेगा
लेकिन
आदमी बुलबुला नहीं है मेरे दोस्त।

सबसे महान् विधा

एक आलोचक दोस्त ने पूछा -
'साहित्य की सबसे
गम्भीर विधा कौन सी है?'
मैंने कहा - 'चुटकुला'
वो बोला - हैं! ..... कैसे'
मैंने कहा - ऐसे
आज जब चारों तरफ़
हत्या, झूठ, गबन, दहेज
भ्रष्टाचार का बोलबाला है
तो सिर्फ़ चुटकुले ही हैं
जिन्होंने दुःखों के पहाड़ तले दबे
आम आदमी को बाहर निकाला है

चुटकुले
जनता का निष्कपट व्यवहार हैं
उनके अनुभव हैं, विचार हैं
चुटकुला दुनिया के
सबसे दुखी आदमी की मुस्कान है
इसीलिए साहित्य की
सब विधाओं में
चुटकुला महान है।

कौन बनेगा करोड़पति

कौन बनेगा करोड़पति में
आपका स्वागत है
इसमें न कोई मेहनत है
न कोई लागत है

देखते हैं
चिंतामणि जी पास होते हैं या फेल
आइये शुरू करते हैं आज का खेल -

चिंतामणि जी,
अगर आपको एक करोड़ रुपया मिल जाये
तो आप क्या करेंगे?
'कमाल है!
तब भी मैं कुछ करूंगा
तब तो जो कुछ करेगा रुपया करेगा!'

चिंतामणि जी
आप तो काफ़ी जोरदार आदमी हैं
ये है आपका पहला सवाल
इनमें से किस खिलाड़ी से मिलते हैं
मैच फ़िक्सिंग वाले दलाल
(ए) सचिन तेंदुलकर (बी) सुनील गावस्कर
(सी) मोहम्मद अजहरुद्दीन (डी) महेन्द्र अमरनाथ
'जी... नम्बर तीन
मोहम्मद अजहरुद्दीन।'
पक्का -
'पक्का' -
श्योर -
'श्योर' -
हन्ड्रेड परसेंट ?
'जी परसंटेज तो अभी तक
सी.बी.आई. को भी नहीं पता!'
मेरा मतलब लॉक कर दिया जाये?
'हाँ'
कम्प्यूटर ! सी अजहरुद्दीन को लॉक करो।
कम्प्यूटर से आवाज़ आई....
'लॉक मत करो, लॉकर देखो भाई !'

अगले सवाल का दुगना प्राइज़ है
वीरप्पन की मूछों का क्या साइज़ है,

(ए) एक फीट (बी) एक मीटर
(सी) एक किलोमीटर (डी) अनन्त
'जी ! अनन्त'
पक्का
'पक्का'
कानफिडैंट
'जी.... जितना वीरप्पन अपनी मूछों के बारे में
उतना ही'
कम्प्यूटर जी
क्या चिंतामणि जी सही कह रहे हैं?
कम्प्यूटर से आवाज़ आई
'हां !
जैसे-जैसे नेताओं की पूंछ दबती है
वैसे-वैसे वीरप्पन की मूंछ बढ़ती है
और जब सरकारें
उसके आगे मिमियाती हैं
तो ये मूंछें कन्याकुमारी से कश्मीर तक
फैल जाती हैं।'
आपने बहुत सही कहा
आपका अगला सवाल ये रहा -
टेलीफोन का अविष्कार किसने किया
(ए) एंडरसन (बी) हडसन
(सी) ग्राह्म बैल (डी) थॉमसन
'जी मैं एक लाइफ लाइन
इस्तेमाल करना चाहता हूं'
कौन सी?
'फोन ओ .... फ्रेंड' -
किससे बात करना चाहते हैं आप ?
'जी .... सुखराम .... से'
कम्प्यूटर ...... सुखराम का नंबर लगाओ
हैलो ! मैं 'कौन बनेगा करोड़पति' से
अमिताभ बच्चन बोल रहा हूँ

आपके प्रिय मित्र मेरे सामने बैठे हैं
वो पूछना चाहते हैं
कि टेलीफोन का अविष्कार किसने किया था?
उधर से आवाज़ आई -
'जिसने भी किया था, कोई कमाल नहीं किया था
उसने सिर्फ़ आविष्कार किया था
उसे इस्तेमाल नहीं किया था।'
आप सुखराम बोल रहे हैं न?
'नहीं मैं दु:खीराम बोल रहा हूँ'
सुनते ही अमिता:भ घबरा गया
बोला लगता है रांग नम्बर लग गया
चलिए इस सवाल को यहीं छोड़ते हैं
'अजी छोड़ें कैसे, मैं बताऊंगा
सही उत्तर है सी-ग्राहम बैल !'
कमाल है बड़ी देर बाद आपकी अक्ल जगी है
'जी ! सीधी सी बात है
एक इसी नाम के आगे बैल लगी है'
अब आप अगले सवाल का जवाब हमें बतायेंगे
भारत में गरीबी, बेरोजगारी और भ्रष्टाचार
कब तक ख़त्म हो
पायेंगे
(ए) सन् 2025 (बी) सन् 2050
(सी) सन् 2075 (डी) सन् 3000
'जी ! मैं एक लाइफ़ लाइन इस्तेमाल करना चाहता हूं'
कौन सी
'फ़िफ्टी-फ़िफ्टी'
ठीक है कम्प्यूटर
इनमें से दो ग़लत जवाब मिटा दो

कम्प्यूटर ने अपने जलवे दिखा दिये
और एक झटके में चारों जवाब मिटा दिये।

ताई तो मर ली

वहां तो खूब मिलेगा तर माल
यह सोचकर
पंडित भी
चौधरी के साथ चला गया ससुराल
बताये और पूछे सबके हाल-चाल
उसके बाद हलुवा सामने आया
चौधरी ने तत्काल एक चम्मच उठाया
हलुवा था इतना गरम
कि ना निगला जाये, न उगला
आंखों से बहने लगा पानी
पंडित ने पूछा -
'चौधरी साहब क्या हुआ?'
चौधरी बोला - 'कुछ नहीं
जब घर तै चाला
तो ताई बीमार थी
उसकी याद आ गयी।'
पंडित ने
उसकी तरफ़ से ध्यान हटाया
और हलवे पे जमाया
तो कमाल हो गया
खाते ही उसका तो
और भी बुरा हाल हो गया

आंखों से बहने लगा टपटप पानी
चौधरी यह देखकर मुस्कराया
गरदन हिलाते हुए उसने फर्माया
'क्यों पंडित, तेरे के हुया?'
पंडित बोला -
'चौधरी साहब
हलवे तै मेरा पेट तो के
आत्मा भी भर ली
मन्नै तो लागै सै
कि ताई मर ली।'

परमाणु - विस्फोट

सारी दुनिया के सिल गये होंठ
आज़ादी की
पचासवीं वर्षगांठ पर पाँच-पाँच विस्फोट

परमाणु - परीक्षण के बाद
आस्ट्रेलिया ने अपना राजदूत
सबसे पहले वापस बुलाया
कारण पूछा तो मैंने बताया -
परमाणु परीक्षण तो बहाना था
असल में तो उन्हें
सचिन की बैटिंग के बाद ही
अपना राजदूत वापस बुलाना था
शेन वार्न ही नहीं
पूरे आस्ट्रेलिया के सपने में तनी थी
सचिन के बल्ले की दुनाली
वाह रे आस्ट्रेलिया
कहाँ की खुन्दक कहाँ निकाली

कांग्रेस ने सवाल उठाया
कि परीक्षण के लिए
यही समय क्यों चुना
तो इसका जवाब भी

मैंने ही बुना
वैसे तो कौन चुका सकता है
मां का कर्ज
पर बच्चों का भी होता है
अपनी मां के प्रति फ़र्ज़
भारत मां के सीने में
उमड़ उठा दुलार
जब 'मदर्स डे' पर अटल बिहारी ने
भारत मां को दिया
सर्वश्रेष्ठ उपहार
धन्य - धन्य हे
अब्दुल कलाम
बार - बार है तुझे सलाम
ये थी
विश्व - राजनीति की शतरंज पर
मात देने वाली गोट
आज़ादी की पचासवीं वर्षगांठ पर
पाँच - पाँच विस्फोट

ओ अमरीका, ओ खिसियानी बिल्ली
अब तू खम्बा नोंच
प्रतिबंध तो लगा दिये
ज़रा अपने गिरेबान में भी
झांक के सोच
ओ दुनिया के तथाकथित बाप
तू करे तो पुण्य, हम करें तो पाप
हमारा बोलना भी बड़बड़ाना
और तेरा बड़बड़ाना भी जाप
तेरा खून खून, हमारा खून पानी
हम करें तो गुण्डागर्दी
तू करे तो पहलवानी

महावीर और गांधी की धरती
माँसाहारी
और नौ सौ चूहे खाने वाला
शाकाहारी
इस अंधे न्याय के
रोके हम नहीं रुकेंगे
चाहे सारी दुनिया प्रतिबंध लगा दे
पर गलत बात पर
हम नहीं झुकेंगे
हम वीर हैं
हम नहीं लेते किसी की ओट
आज़ादी की
पचासवीं वर्षगांठ पर पाँच-पाँच विस्फोट।

कब समझोगे

बाहर से
सफ़ेदी करने का अर्थ
अंदर की
कालिख को मिटाना नहीं है
यह तुम कब समझोगे

नारे समाजवाद के हों
या गरीबी मिटाओ के
नारे ना....रे....ही होते हैं
यह तुम कब समझोगे

नेहरू और गांधी की कस्में
बन गई हैं कुछ ऐसी रस्में
जिनसे रोज़ उन्हें मारा जाता है
यह तुम कब समझोगे

नशा कुर्सी का हो या बोतल का
फ़र्क़ क्या पड़ता है
गोली कह कर मारी जाये
या बिना बताये
हत्या ही हुआ करती है
यह तुम कब समझोगे
अब तुम कब समझोगे
समस्या का समाधान
अपना पैर छीलना नहीं
बल्कि छोटे हो गये जूते को
बदल देना है
यह तुम कब समझोगे?

जी भी लगा दूंगा

हरियाणे का रामसिंह नाम का आदमी
हो गया आई. ए. एस. ऑफिसर
उसने अपना
हरियाणे का ही रख लिया नौकर
नौकर उससे ऐसे ही बात करे -
'राम सिंह पाणी पीवैगा
राम सिंह चा पीवैगा'
एक दिन रामसिंह ने उसे समझाया -
'देख मैं भी हरियाणे का
तू भी हरियाणे का
अकेले में चाहे कैसे भी बोला कर
लेकिन कोई आया हुआ हो
तब तो इज्जत से बात किया कर
और 'जी' लगा कर बोला कर।'

एक दिन रविवार को
रामसिंह जी नहा रहे थे
एक ऑफिस का कर्मचारी आया
उसने दरवाज़ा खटखटाया
नौकर ने खोला
तो कर्मचारी बोला - 'सर हैं?'
नौकर बोला - कौण? राम सिंह!
नहा रह्या सै

आ ... बैठ
पाणी - वाणी पीवैगा
चा .... चू .... पीवैगा'
कर्मचारी बोला - 'नहीं जी'

थोड़ी देर बाद
रामसिंह जी नहा के आ गए
गुड-मार्निंग के बाद
उन्होंने नौकर से कहा -
'ये तो ठीक किया
कि इनको आराम से बिठाया
पर इन्हें पानी - वानी नहीं पिलाया?'
नौकर बोला - 'बूझी थी
मना कर दी इसनै'
फिर कर्मचारी की तरफ देख के बोला -
'बूझी नहीं थी?
मन्नै तो चा की भी बूझी थी .... क्यूं ... ?'
कर्मचारी बोला - 'हाँ .... पूछा था'
रामसिंह को लगा
नौकर कुछ गड़बड़ कर रहा है
सिखाने के बावजूद
ढंग से बात नहीं कर रहा है
तो उन्होंने, उसकी तरफ
आंख निकाली,
ज़रा करड़ा हो के देखा
तो नौकर बोला रामसिंह से
'तू के दीदे काड्ढै सै
तेरा सिखाया हुया भी
कर कैं दिखा द्यूंगा
बाद में 'जी' लगा द्यूंगा।

बच्चे भी देखते हैं बड़े सपने

'सौगन्ध राम की खाते हैं
हम मन्दिर वहीं बनायेंगे'
'बच्चा - बच्चा राम का
जन्म - भूमि के काम का'
भीड़ लगाती है नारे
प्रत्युत्तर में
चलती है ... गोलियां
'राम नाम सत्य है
सत्य बोलो गत्य है'
पल में बदल जाता है स्वर

'नेतृत्व परिवर्तन बिना
सत्ता बचाना मुश्किल है'
खिचड़ी दाढ़ी खुजाते हुए कहता है नेता
'नहीं, हम सब राजा जी के साथ हैं'
काली दाढ़ी चमकाते हुए कहता है नेता
'नेतृत्व परिवर्तन हुआ तो
हमारी पार्टी समर्थन वापस ले लेगी'
सफ़ेद दाढ़ी लहराते हुए कहता है नेता
'नेता बदलो, तभी देंगे समर्थन'
चिकना चेहरा चमकाते हुए कहता है नेता

'माई बाप, कुछ दे दो
पिछले चवालीस साल से
यातना और अपमान के अतिरिक्त
कुछ नहीं खाया।'
'चु...ए....प
चले आते हैं सा...ले, मंगते
भाग यहाँ से, देखता नहीं
राष्ट्र की गम्भीर समस्या पर
बात - चीत चल रही है'

'इस तरह रथ-यात्रा निकालना
ठीक नहीं था'
'क्यों? जो बाबर ने किया
वो ठीक था?'
'आप मन्दिर थोड़ा-सा
हट के नहीं बना सकते'
'क्यों? बाबर ने मस्जिद
थोड़ा हट के क्यों नहीं बनायी?'
'चलो मान लिया, बाबर ने गलती की
अब वही गलती
तुम क्यों कर रहे हो
चलो ... भूल जाओ'
'नहीं ....
एक गलती हमें भी करने दो
फिर तुम भूल जाना
भूलने की हर बार
हमीं से क्यों कही जाती है'
'माई बाप! बचाओ
मार दिया इस महंगाई ने
इस भ्रष्टाचार ने'
'चु....ए.....प

चले आते हैं सा....ले.... नास्तिक
भाग यहाँ से
देखता नहीं
राष्ट्र की गम्भीर समस्या पर
बात - चीत चल रही है'

लेकिन इस बार
वो नहीं रहता चुप
कर्फ़्यू के बावजूद
चीखता है पूरी शक्ति से
बदल जाता है भीड़ में
और भीड़....
भीड़ बदल जाती है जुलूस में.....
नहीं चाहिए हाय - हाय
नहीं चाहिए ज़िन्दाबाद
नहीं चाहिए अब हमें
मन्दिर - मस्जिद का विवाद
नहीं छीनने देंगे हम तुम्हें
आज के राम और रहीम के
बच्चों की मुस्कान
रास्ता हम खुद करेंगे तलाश
लेकर रहेंगे हम
अपना जल, अपनी अग्नि
अपनी वायु, अपनी धरती, अपना आकाश।

'अरे...
ये बिना पढ़े - लिखे गंवार लोग तो
हमारी तमाम कोशिशों के बावजूद
समझदार हो गये'
अपने - अपने मुखौटों में
घबराते हुए कहते हैं नेता

जुलूस बढ़ता रहा राजपथ पर
वर्दियों के कंधे भी
आ गये साथ - साथ
भीड़ बदलती है जुलूस में
देखते ही देखते
जुलूस बदल जाता है जलसे में

मुस्कराता हुआ बच्चा
उठ जाता है नींद से
उसने भी देखा है
हमारा खुली आंखों वाला सपना
हाँ......
बच्चे भी देखते हैं बड़े सपने।

इंटरव्यू

इंटरव्यू देकर आये
एक उम्मीदवार से
हरियाणवी उम्मीदवार ने पूछा -
'भाई, भीतर क्या पूछ रहे हैं'
उसने बताया -
'मुझे तो भारत का नक्शा दिखाया
और पूछा दिल्ली कहाँ है
मैंने उंगली रख दी
कि यहाँ है'
हरियाणवी छोरे ने झट
जेब से नक्शा निकाला
और अच्छी तरह रट लिया

कि दिल्ली कहाँ है
जब वो अंदर गया
तो उससे पूछा -
'ज्योग्राफी आती है'
वो बोला - 'हाँ'
'अच्छा बताओ, गंगा नदी
कहाँ से निकल कर
कहाँ को जाती है'

लड़का परेशान
पहले ही सवाल ने
उसके चयन में डाल दिया अड़ंगा
दिल्ली रट के आया था
और पूछ ली गंगा
लेकिन उसने हिम्मत नहीं हारी
घुमा-फिरा कर उंगली
दिल्ली पे रख दी
और बोला -
'दिल्ली के बारे में
क्यूं नहीं बूझता
गंगा के बारे में जानकै
के करैगा
गंगा मैं के
डूब कै मरेगा?'

विज्ञापन

गणेश बीड़ी पर गणेश जी का चित्र
तुलसी जर्दे पर रामचरितमानस की चौपाई
आश्चर्य है - इन बातों ने
किसी की धार्मिक भावनाओं को ठेस नहीं पहुँचाई
शायद इसलिए
कि धार्मिक भावनाओं का
पोषण करता है व्यापार
ठेस तो पहुँचाते हैं
लेखक और कलाकार
तूफ़ान उठ खड़ा होता है
अगर लेखक - कलाकार उंगली भी हिलाये
और पत्ता तक नहीं हिलता
भगवान को कोई भी
धड़ल्ले से बेचे और कमाये - खाये

मोहन घी पर कृष्ण जी का चित्र हो
तो बात समझ में आती है
कि कृष्ण जी दूध - मक्खन खाते थे
पर गोपाल जर्दे पर कृष्ण जी का चित्र
कृष्ण जी क्या तम्बाकू चबाते थे

हो सकता है इसके पीछे ये तर्क हो
कि ये उत्पादन साम्प्रदायिक सौहार्द लाते हैं

हिन्दू-मुसलमान दोनों मिलकर
गणेश बीड़ी का सुट्टा लगाते हैं
ख़ैर! उनका कुछ भी तर्क हो
पर इसका ज़िम्मेदार है कौन खब्ती
सिगरेट के पैकेट पर लिखी चेतावनी
'सिगरेट पीना स्वास्थ्य के लिए हानिकारक है'
बीड़ी के बंडल पर क्यों नहीं छपती
ये बात समझ में नहीं आती है
बीड़ी कौन-सा
खोई हुई ताकत और जवानी वापस लाती है

दरअसल
उनका कुछ भी नहीं बिगाड़ सकते ये रोग
क्योंकि बीड़ी तो पीते हैं गरीब लोग
यहाँ तो सरकार की मजबूरी है
अमीरों की सेहत
उसके लिए ज़्यादा ज़रूरी है
अमीरो!
तुम स्वस्थ रहो और जीओ
सिगरेट मत पीओ
और बीड़ी के लिए
न कोई चेतावनी न कर
यानी कि गरीब
तू बीड़ी पी, वोट दे, और मर

असल में
अमीर कुछ करने के लिए होते हैं
गरीबों का क्या है
वो तो पैदा ही मरने के लिए होते हैं!

खून बोलता है

सीमा पर जैसे ही छिड़ी लड़ाई
देशभक्ति की भावना सब में उमड़ आई
कुरबानी का कुछ ऐसा चढ़ा जुनून
कि घायल सैनिकों के लिए
सभी देने लगे अपना-अपना खून
नेता हो या व्यापारी
कवि हो या भिखारी
खिलाड़ी हो या संगीतकार
अध्यापक हो या बेरोजगार
तरह-तरह के लोगों का
जब घायल सैनिकों में खून चढ़ा
तो सबका प्रभाव अलग-अलग पड़ा

एक भिखारी का खून
जब सैनिक के शरीर में गरमाया
तो वो दुश्मन का गिरेबान पकड़ के गिड़गिड़ाया
'जरा इस तरफ भी ध्यान दे दे
दे दे...... अल्लाह के नाम पे
अपनी जान दे दे'
इतना कह कर जैसे ही उसने जान ली
तो दूसरे दुश्मन ने
उसकी नीयत फ़ौरन पहचान ली

वो वापिस नियन्त्रण-रेखा की तरफ़ भाग चला
हमारा सैनिक बोला -
'जो दे उसका भी भला... जो न दे उसका भी भला'

कवि का खून चढ़वाये सैनिक ने
जब दुश्मन को अपने चंगुल में फंसाया
तो दुश्मन गिड़गिड़ाया -
'माफ़ कर दो, माफ़ कर दो'
सैनिक बोला - 'जाओ तुम्हें माफ़ किया'
इतना कहकर पहले तो उसने
बंदूक की नाल साफ़ करने वाले ब्रश से
दुश्मन का कान साफ़ किया
फिर अपनी कविताओं का बारूदी पुलिन्दा
बंदूक की जगह अपनी जुबान में भर
और दाग दिये बारह दोहे
चौबीस कवितायें और छत्तीस चौपाई
और जब तक उसके प्राण नहीं निकले
उससे तालियाँ बजवायी

एक सैनिक को जिसका खून चढ़ा, वो था व्यापारी
दुश्मनों की गोलियां ख़त्म होते ही
उसने उन्हें अपनी गोलियाँ ब्लैक में बेच दीं सारी
इसके बावजूद पूरी घाटी
दुश्मनों की लाशों से पटी थी
क्योंकि हमारे सैनिक ने
जो गोलियाँ बेचीं, वो सारी मिलावटी थीं
वाह रे व्यापारी
हर तरह से इजाफ़ा ही इजाफ़ा
जीत की जीत
और मुनाफ़े का मुनाफ़ा

अध्यापक के खून वाला सैनिक
निहत्था ही दुश्मन के बंकर में आया
एक का कान मरोड़ते हुए गुर्राया -
'अच्छा...... मेरे पीरियड में
आधी क्लास भाग गई
तुम सब
इस क्लास में कहाँ से आ घुसे
तुम सब के नाम तो इस स्कूल से
सन् सैंतालीस में ही कट चुके
और क्या है ये.... बंकर
याद करो सन् इकहत्तर
जब हमने चमत्कार दिखाया था
नब्बे हज़ार नालायकों से
एक साथ कान पकड़वाया था
अबे मूर्ख!
हम सारे देश के चहेते हैं
इतिहास पढ़ाते - पढ़ाते भूगोल बदल देते हैं
सुनो, ये बंदूक यहाँ से हटाओ
जाओ, किसी पेड़ पर से
एक मोटी डण्डी तोड़ कर लाओ
पूरी चोटी पर ऊधम मचा रखा है
फ़ौरन मुर्गा बन जाओ
और मुर्गा बने-बने ही अपने खून से
चालीस बार जय-हिन्द लिख कर दिखाओ
तुम्हें बंदूक में न गोली भरनी आती है
न चलानी आती है
कुछ दिन मेरे घर ट्यूशन पढ़ने आओ

एक फिल्म अभिनेता का खून चढ़े सैनिक से
अफ़सर ने कहा - निशाना लगाओ'
सैनिक बोला - पहले कैमरा मैन बुलाओ

और लाइट जलाओ'
अफसर बोला - लाइट जलवा के मरवायेगा'
तो सैनिक ने कहा - मुझे मौत का डर मत दिखाओ
ये काम मैं पहले भी कर चुका हूँ
अब से पहले
पन्द्रह फिल्मों में पचास बार मर चुका हूँ
अफ़सर चौंका - पन्द्रह फिल्मों में पचास बार!
ऐसा तूने क्या करा था
सैनिक बोला - 'क्यों!'
रीटेक में क्या तेरा बाप मरा था'

फिल्मोनिया से ग्रस्त
व्यक्ति के खून ने और कमाल दिखाया
आगे बढ़ते दुश्मन को वो देखते ही चिल्लाया -
'जानी! तुम्हारे पाँव देखे
बहुत गन्दे हैं
इन वादियों में घिन्न आयेगी
इन्हें हमारी जमीन पे मत रखना
जमीन मैली हो जायेगी'

एक सैनिक का
बहुत ही मजबूत था कांधा
उसने चार दुश्मनों का
एक गट्ठर-सा बांधा
उठाया, पीठ पर लटकाया
और सारे युद्ध - क्षेत्र का
नक्शा बदल दिया
जब वो पाँचवें दुश्मन को
एक हाथ में पानी की बोतल की तरह
लटका कर चल दिया
सब हैरान, परेशान

खा गये गच्चा
लेकिन ये क़िस्सा है सच्चा
क्योंकि उस सैनिक को
खून दे कर आया था
एक स्कूल का बच्चा

एक सैनिक को
गलती से एक नेता का खून चढ़ गया
ठीक होते ही वो
फ्रंट की बजाय दिल्ली की तरफ़ बढ़ गया
उसे फ्रंट पर जाने के लिए समझाया
तो वो भनभनाया -
'मेरी तो तबीयत खारी हो गई
तुम फ्रंट की बात कर रहे हो
इधर चुनाव की
अधिसूचना जारी हो गई
मैं बसपा में चला जाऊंगा'
पर नेशनल फ्रंट में नहीं जाऊंगा'
उसे 'फ्रंट' का सही मतलब समझाया गया
और सीधा कारगिल भिजवाया गया
तोपों को देखते ही उसका कलेजा हिला -
'अच्छा! यही है वो बोफ़ोर्स तोप
जिसका कमीशन मुझे आज तक नहीं मिला
चल छोड़
अभी इस चक्कर में क्या पड़ना है'
फिर अफ़सर से बोला - अच्छा बताओ
मुझे किस चुनाव क्षेत्र से लड़ना है'
अफ़सर ने कहा - द्रास'
वो बोला - क्या कहा मद्रास
मुझे उत्तर भारत में कहीं से भी लड़ा दो'
अफ़सर गुस्से में बोला -

‘इसे सीधा टाइगर हिल पे चढ़ा दो’
वो सिरफिरा
चढ़ते-चढ़ते कई बार गिरा
रास्ते में जहाँ भी
दो-चार सैनिक दिखें
वहीं रस्सी छोड़ दे
और वोट मांगने के लिए
दोनों हाथ जोड़ दे
ख़ैर..... सारे रास्ते उसने
खूब आश्वासन दिये, खूब वायदे किये
ख़ूब भाषण पिलाया
और इसीलिए
टाइगर हिल पे चढ़ ही नहीं पाया
वो तो शुक्र है इसी दौरान बंद हो गई लड़ाई
वरना पता नहीं क्या गुल खिलाता भाई
लेकिन मैं कहता हूँ
कुछ ऐसा इंतज़ाम हो जाये
नेताओं का खून सैनिकों को नहीं
बल्कि सैनिकों का खून
नेताओं को चढ़वाया जाये
ताकि उनमें भी
भारत - माँ के सच्चे सपूतों का रक्त हो
कोई ढूंढ़ने से भी देशद्रोही न मिले
हर नेता देशभक्त हो।

ताजमहल

इंटरव्यू देने पहुँचा
हरियाणे का एक युवा बेरोजगार
एक पोस्ट के लिए
आये थे अस्सी उम्मीदवार
किसे रखना है, यह बात तय थी
इसलिए चयनकर्त्ताओं के
सवालों में
न सुर, न ताल और न लय थी

एक चयनकर्त्ता ने
हरियाणवी छोरे से पूछा -
'बताओ
ताजमहल कहाँ है?'
हरियाणवी छोरा बोला -
'जी.... रोहतक में'
'बहुत अच्छा..... बहुत अच्छा....
इतना भी नहीं जानता
नौकरी क्या खाक करेगा?'
हरियाणवी छोरा बोला
'आगरे में बता दूँ
तो क्या रख लेगा?'

ढूंढ़ते रह जाओगे

चीज़ों में कुछ चीज़ें
बातों में कुछ बातें वो होंगी
जिन्हें कभी देख नहीं पाओगे
इक्कीसवीं सदी में
ढूंढ़ते रह जाओगे

बच्चों में बचपन
जवानों में यौवन
शीशों में दरपन
जीवन में सावन
गांव में अखाड़ा
शहर में सिंघाड़ा
टेबल की जगह पहाड़ा
और पाजामे में नाड़ा
ढूंढ़ते रह जाओगे

आँखों में पानी
दादी की कहानी
प्यार के दो पल
नल - नल में जल
संतों की बानी
कर्ण जैसा दानी
घर में मेहमान

मनुष्यता का सम्मान
पड़ोस की पहचान
रसिकों के कान
ब्रज का फाग
आग में आग
तराजू में बट्टा
और लड़कियों का दुपट्टा
ढूंढ़ते रह जाओगे

भरत-सा भाई
लक्ष्मण-सा अनुयाई
चूड़ी-भरी कलाई
शादी में शहनाई
बुराई की बुराई
सच में सच्चाई
मंच पर कविताई
गरीब की खोली
आंगन में रंगोली
परोपकारी बंदे
और अर्थी को कंधे
ढूंढ़ते रह जाओगे

अध्यापक, जो सचमुच पढ़ाये
अफ़सर, जो रिश्वत न खाये
बुद्धिजीवी, जो राह दिखाये
कानून, जो न्याय दिलाये
ऐसा बाप, जो समझाये
और ऐसा बेटा, जो समझ जाये
ढूंढ़ते रह जाओगे

गाता हुआ गाँव
बरगद की छाँव

किसानों का हल
मेहनत का फल
मेहमान की आस
छाछ का गिलास
चहकता हुआ पनघट
लम्बा - लम्बा घूंघट
लज्जा से थरथराते होंठ
और पहलवान का लंगोट
ढूंढ़ते रह जाओगे

कट्टरता का उपाय
सब की एक राय
डंकल के पंजे में देश आज़ाद
मरने का मज़ा, जीने का स्वाद
नेता जी को चुनाव जीतने के बाद
दुर्घटनाओं से रहित साल
गूदड़ी में होने वाले लाल
आँखों में काजल
प्रेम में पागल

साँस लेने को ताज़ा हवा
और सरकारी अस्पताल में दवा
ढूंढ़ते रह जाओगे

आपस में प्यार
भरा - पूरा परिवार
नेता ईमानदार
दो रुपये उधार
कल में आज
संगीत में रियाज
बातचीत का रिवाज
दोस्ती में लिहाज
सड़क किनारे प्याऊ
सम्बोधन में चाचा-ताऊ
ढूंढ़ते रह जाओगे

नेहरू जैसी इज़्ज़त
सुभाष जैसी हिम्मत
पटेल के इरादे
शास्त्री सीधे - सादे
पन्ना धाय का त्याग
राणा प्रताप की आग
अशोक का बैराग
तानसेन का राग
चाणक्य का नीति-ज्ञान
विवेकानंद का स्वाभिमान
इंदिरा गांधी जैसी बोल्ड
और महात्मा गांधी जैसा गोल्ड
ढूंढ़ते रह जाओगे